塑造孩子的一生

让孩子
无忧无虑地成长

孙广春◎编著

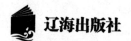

辽海出版社

图书在版编目(CIP)数据

塑造孩子的一生. 让孩子无忧无虑地成长 / 孙广春
编著. — 沈阳：辽海出版社，2015.12
ISBN 978—7—5451—3597—8

Ⅰ. ①塑… Ⅱ. ①孙… Ⅲ. ①家庭教育 Ⅳ. ①G78

中国版本图书馆 CIP 数据核字(2015)第 296268 号

责任编辑：丁　雁
封面设计：孙希前
责任校对：晓　云

出　版　者：辽海出版社
　　　　地址：沈阳市和平区十一纬路 29 号
　　　　邮编：110003
　　　　电话：024-23284381
　　　　E-mail：dszbs@mail.lnpgc.com.cn
　　　　http://www.lhph.com.cn
印　刷　者：北京毅峰迅捷印刷有限公司
发　行　者：辽海出版社

幅面尺寸：170mm×240mm
印　　张：15
字　　数：230 千字

出版时间：2016 年 5 月第 1 版
印刷时间：2016 年 5 月第 1 次印刷
定　　价：35.00 元

前　言

　　什么是幸福？每个人的定义各不相同。我们认为，幸福就是称心如意，有一个心情舒畅的环境，能过上无忧无虑的生活。现在的孩子们幸福吗？父母一定会说："蜜罐里泡着的孩子，肯定是幸福的啊。"但不少孩子说："整天被父母逼着学这学那、考这考那，压力好大，不能撒开了玩儿，不能睡到自然醒，能幸福吗？"

　　我们说，人生处处是考场，人生时时有考题。孩子们幸福不幸福，一定程度上取决于父母。让每一个孩子幸福成长，就是每个父母的考题，也许还是道难题呢。那么，如何能让每一个孩子幸福成长呢？

　　让每一个孩子无忧无虑地成长，父母要教会孩子乐观地看待事物，时时感受幸福。乐观是一种性格倾向，使人能看到事情比较有利的一面，期待更有利的结果。有些孩子天生就比较乐观，有些孩子则相反。但心理学家发现乐观是可以培养的，即使孩子天生不具备乐观品质，也可以通过后天的努力来实现。家长应当重视孩子的乐观主义教育，使孩子得到健康、全面的发展。

　　让每一个孩子无忧无虑地成长，父母要教会孩子把学习当作兴趣爱好，快乐地去学习。同样是看书、做作业、练钢琴，有的父母让孩子感到是"苦差事"，打着骂着罚着，让按点去做；有的父母让孩子当成玩游戏、看动漫，快快乐乐就完成了。孩子感受到获取知识、加深修养、不断提升自我能力的幸福，才会越学越爱学，越学越乐学。

　　让每一个孩子无忧无虑地成长，父母要教会孩子不怨天尤人，时时排除烦恼。人生不如意事十之八九。跌倒了，有的父母教孩子自己迅速爬起来，拍拍灰土，继续前行；有的孩子号啕大哭，等着父母扶起；有的父母拍打着地面，怨地面不平。这三种情形的教子方法，日后会教出三种不同的孩子，三个孩子会走出不同的人生道路。而唯有第一种会教出一个很快忘记烦恼、自立自强、追逐幸福的人。

让每一个孩子无忧无虑地成长，父母要教会孩子宠辱不惊，时时想到合作。一个懂得合作的孩子，能更好地适应环境，并能很好地发挥自己的潜能。而不懂得合作的孩子在生活、学习中会遇到很多的麻烦，产生更多的困难，并且无所适从。教会孩子与人合作，更需要教给孩子诚实、善良、宽容、淡泊、感恩、尊重、自省等优秀品质。

在人生的赛场上，在你想得到什么之前，你必须得先有所付出。只有在春天播下种子，秋天才会有所收获。如果你想生活赐予你什么，你必须得先付出努力，要有积极的态度和行动。从现在起，如果你在今后的人生之路上牢牢遵循这个规律的话，许多问题将会迎刃而解，你的人生就会变得与众不同。

本书的主要内容包括：运用科学的方法学习，为成才奠定扎实的基础；培养良好的习惯，改变不良的个性和性格；培养阳光心态，给世界一个微笑；掌握科学的思维方法，提高解决问题的智慧；成为有教养、受人欢迎的孩子；用坚强的意志支配自己的行动，克服种种困难；注重品德修养，提升人格魅力；等等。

我们在编写本书的过程中，总结了大量的经典教子理论及案例，深入浅出、简明扼要地论述了家庭教育中的问题，并给出了切实可行的建议。

目录 ▶

第一章

培养孩子阳光心态

家有钱财万贯，不如培养孩子的阳光心态。看什么都是阴暗面，这样的人怎么能高兴？心情不好，身体就不可能好，生病是早晚的事。如果一生都是处于一种阳光心态中，看什么都是美丽的，就会有幸福人生。

影响孩子心理健康的因素

儿童时期是人生发展的重要时期，个性和很多心理品质都是在这个时期形成的，心理学把这一时期定义为人生发展的关键期。

然而，不少来自幼儿园的调查显示，很多孩子已表现出自私、自负、任性、脾气暴躁、感情脆弱、独立性及社会交往能力差等不良个性特征，这些可能成为他们产生心理问题的隐患。家庭是孩子心理发展最重要、最基础的环境，它对孩子的心理健康的影响既表现在生物性的遗传影响上，更表现在家长的情感态度、个性、价值取向及心理品德对孩子的影响上。

下面是影响孩子心理健康的主要家庭因素：

1. 教养方式不当

在有的家长看来，家长的任务是让孩子吃好、穿好、不生病。家长对孩子的衣食及身体保健舍得投资，却忽视了孩子的心理健康。现代家庭中，存在重视知识灌输，轻视行为习惯培养；重视饮食营养摄入，轻视情感需求的满足。例如孩子在家中谈论幼儿园的开心事或问一些问题，家长嫌烦，不理睬，孩子感受不到情绪上的快乐和满足，长久下去孩子与父母的交流沟通自然会冷淡。

2. 家庭教育中父母榜样的作用

家长总是希望孩子改掉坏毛病，有些家长发现孩子的问题，只知道数落孩子甚至责打。然而，家长却没有意识到自己的言行已经在孩子身上起到潜移默化的作用了。有些家长的性格很随意，对发生的事情不介意，得过且过，他想要求孩子事事严谨就很难。另外，离异家庭对孩子的心理影响也是非常

3

大的，孩子看见了准备离婚的父母之间的战争，感到很害怕，会变得非常胆小。也有孩子为避免受欺负而主动出击，打骂同学。所以，孩子身上发现的心理问题，家长首先要分析一下自己有哪些行为不当之处。

3. 家长的教育观点不一样

有不少家长在心理咨询中反映孩子有说谎的毛病。说谎的原因很多，比如学龄前孩子分不清现实和想象，家长把孩子说出来的想象误以为是说谎，这实际是孩子趋利避害的本能。例如，如果孩子在幼儿园出现问题，幼儿园教师找家长，父亲回家批评一下，让下次改正就可以，找母亲的话，孩子回家反而要受皮肉之苦，孩子就会总结出来可以从父亲那里得到好处，久而久之，孩子在父亲和母亲面前说不一样的话，在老师面前和在家长面前也说不一样的话，说谎的坏习惯就养成了。

4. 以成人的视角看问题

有些事情对于孩子来讲是好事或无所谓的事，而有些家长看待这些事的角度却有问题。例如看到老师让孩子在幼儿园捡树叶而自己聊天，家长认为这样的老师自己不参与，孩子也不用干。家长从成人的角度认为这是对孩子不公平，而孩子自己认为这是集体活动，很有趣。这样家长的观点和孩子的感受完全相反，反而让孩子无所适从，或者长大以后就学会在人际交往中斤斤计较、偷懒耍滑。

5. 祖辈与保姆代养的问题

一般情况下，父母忙于工作无法全身心照顾孩子，必然会请老人或保姆帮忙照看孩子。一方面祖辈和保姆的知识水平通常较孩子父母要低，他们的主要任务是看管孩子而不是教育孩子，所以他们给孩子心理成长上的帮助远不如父母；另一方面祖辈和保姆为避免孩子受伤，总是限制孩子的活动，或吓唬孩子有危险，这也使孩子的生理、心理发展受到影响，比如运动能力差、不敢尝试新事物、胆小懦弱、夸大危险等。

针对以上情况，我们给出以下对策与建议：

1. 要不断给孩子以积极的评价，并且要及时地表扬。为每一个微小的进步表扬，这样坚持做下去才能使孩子渐渐恢复自信心，逐渐做得更好。

2. 要注意改变家长自己的形象。如果你不满意孩子的某些特点，检查一下自己是否也有类似的表现，如果有，要鼓励孩子和自己一起改正。

3. 要给孩子的进步留有余地。给孩子提出的要求应该是孩子经过努力能够做到的，否则会挫伤孩子的积极性和自尊心。

4. 积极调整家长自己的心态。尽可能看到事物好的一面，与同事交往、对社会的态度都尽可能从善意的角度来理解和评价，这样才能在内心产生宽容的心态，对孩子的评价才能是积极向上的。

5. 为孩子创造良好的家庭环境，营造和谐的家庭氛围。让孩子参与家务，充分发挥合作的功能；让孩子在家中享有民主平等的地位，加强与孩子的交流。

6. 加强与老师的联系，及与孩子同伴家长的交往，及时了解孩子的状况。

7. 家长必须掌握孩子身心健康的基本知识。如碰到自己解决不了的有关问题应及时找专家咨询。

教子箴言

　　每一个心理健康的孩子都是向上的，都是热爱学习的，都是具有自信的，这些品质都是孩子成长必备的。

——杨广德

培养开朗乐观的性格

关于乐观，法国作家阿兰在论述把快乐的智慧用于和烦恼做各种各样斗争时说："烦恼是我们患的一种精神上的近视症，应该向远处看并保持积极乐观的心态，这样我们的脚步就会更加坚定，内心也就更加泰然。"

如果这会儿下雨了，就要引导女儿说"下雨了"而不要说"该死的天，又下雨了"。因为这样说并不能改变下雨的事实。当然，就算说"太好了，又下雨了"。也不能使雨天发生任何改变，可是如果把这种话说给孩子听，情况就大不一样！"瞧，太好了，又下雨了！小鸟在歌唱，小草也在歌唱，它们都得到了雨的滋润。"这样就会把快乐传递给孩子，让她无论面对何种环境，都保持一种愉悦的心情。

一位外国大提琴家的童年故事可以说就是一个绝好的例证。有一天，他拖着比自己身体还高的大提琴，在走廊里迈着轻快的步伐，心情显然好极了。一位长者问道："孩子，你这么高兴，是不是刚拉完大提琴?"他的脚步并没有停下，"不，我正要去拉。"这个 7 岁的孩子懂得一个许多大人不懂的道理：音乐是一种愉快的享受，而不是我们不得不做的、必须忍受的工作。

开朗客观既是一种心理状态，也是一种性格品质。调查显示，开朗乐观的人不仅较为健康，而且婚姻生活较为幸福，事业也较易获得成功。也许有些孩子天生就比较乐观，有些孩子则相反。但心理学家发现乐观是可以培养的，即使孩子天生不具备乐观品质，也可以通过后天的努力来实现。那么如何培养孩子具有开朗乐观的性格呢？

1. 勿对孩子控制过严

作为家长，当然不能对孩子不加管教、听之任之，但是控制过严又可能压制儿童天真烂漫的童心，对孩子的心理健康产生消极作用。不妨让孩子在不同的年龄阶段拥有不同的选择权。只有从小就能享受选择权的孩子，才能感到真正意义上的快乐和自在。

2. 对孩子不要感情冷淡

从小无感情体验和感情依恋的孩子长大后不会对他人施以爱和同情，他们将生长成冷漠无情的性格，很少体验快乐，难以与人相处，当然也就不会具有乐观精神。因此不论父母的工作有多繁忙，都要尽量抽出时间来陪陪孩子，让孩子感受到父母的爱。

3. 鼓励孩子多交朋友

不善交际的孩子大多性格抑郁，因为时时可能遭受孤独的煎熬，享受不到友情的温暖。不妨鼓励孩子多交朋友，特别是同龄朋友。本身性格内向、抑郁的孩子更适宜多交一些开朗乐观的朋友。

4. 在有意义的活动中感受快乐

快乐的最重要来源是成就或创造的成果以及完成了有意义的活动。快乐随着完成某种成就的努力而产生，例如刚学会走路的孩子蹒跚着从远处走到母亲面前，他体验着的是真正的快乐，因为他做完了一件事情，他得到了成功。在成功中，孩子得到快乐的同时，也体验到了力量和信心，有助于自我的肯定。

5. 教会孩子与人融洽相处

和他人能融洽相处者的内心世界较为光明美好。父母不妨带孩子接触不同年龄、性别、性格、职业的人，让他们学会和不同类型的人融洽相处。当然，孩子首先得学会跟父母和兄弟姐妹以及亲戚融洽相处。此外，家长自己应与他人相处融洽，做到热情、真诚待人，不在背后随意议论别人，给孩子树立一个好榜样。

6. 物质生活避免奢华

物质生活的奢华容易使得孩子产生一种贪得无厌的心理，而对物质的追求往往又难以获得自我满足，这就是为何贪婪者大多并不快乐的根本原因。相反，那些过着简单生活的孩子，往往只要得到一件玩具，就会玩得十分高兴。

7. 让孩子爱好广泛

一个孩子如果仅有一种爱好，就很难保持长久的快乐感觉。试想：只爱看电视的孩子一旦晚上没有合适的节目时，心头必然会失落。相反，如果孩子看不成电视时爱读书、看报或做游戏，同样可乐在其中。

8. 保有一颗平常心

乐观的人可以坦然地面对一切：成功和失败，痛苦与幸福。现在的孩子多是在温室中长大的，经历的风雨不多，意识不到艰难的存在，更别说怎么去面对了。

让孩子接触各类事物，接触的事情多了，见多识广，心胸自然就开阔，悲观思想便不容易产生了。用平静的心态去对待，并不是消极地面对世界。要让孩子积极参加各种活动，开始时，可以暗示孩子主动提问、主动要求、主动学习。紧接着，当孩子主动行动了，父母要用表扬、奖励等方法强化孩子的自主观念。

9. 引导孩子学会摆脱困境

即便是天性乐观的人也不可能事事称心如意，也不可能"永远快乐"。父母最好在孩子很小的时候就注意培养他们应付困境、逆境的能力。要是孩子一时还无法摆脱困境，还可以教育孩子学会忍耐，或在逆境降临之时寻求另外的精神寄托，如参加运动、游戏、聊天等。

10. 拥有适度的自信

拥有自信与快乐性格的形成息息相关。对一个因智力或能力有限而充满自卑的孩子，家长务必发现其长处并审时度势地多作表扬和鼓励。来自家长和亲友的正面肯定无疑有助于孩子克服自卑、树立自信。

11. 创建快乐的家庭气氛

　　家庭的气氛，家庭成员之间的关系，在很大程度上会影响孩子性格的形成。研究表明，孩子在牙牙学语之前就能感觉到周围的情绪和氛围，尽管当时他还不能用语言来表达。可以想见，一个充满了敌意甚至暴力的家庭，绝对培养不出开朗乐观的孩子。

教子箴言

　　孩子健康心理的培养比对孩子身体的关心更为重要，孩子只有具备了健康的心理，才能挑战未来，走向成功。

——布鲁尔·卡特

 **让浮躁的心趋于平静**

艾美一直是个懂事听话的孩子，但自从上学后，她却像变了个人似的，反常地任性起来，情绪经常紧张焦躁，甚至学会和妈妈顶嘴了。妈妈十分担心，于是来到艾美的学校咨询。老师安慰她说，孩子在成长产生飞跃或环境发生变化的阶段，出现情绪焦躁等一系列行为完全在意料之中，因为他们正在进行着自身与外界的磨合和调节。老师建议艾美妈妈对她的反常的行为尽量不予计较，要继续保持冷静、给予关爱。

1. 情绪焦躁的根源

情绪问题常常跟以下因素密切相关：来自社交场合和周围环境的压力、学习的紧张、荷尔蒙分泌的增多、身体发育的变化、对更大自由权的渴望、讨人喜爱的强烈愿望和对在同龄群体中树立地位的期盼等。当孩子的心理诉求和外界环境产生矛盾时，就会感到焦虑。

现在的孩子承受着越来越大的压力、接受着越来越高的要求，这都很容易导致孩子产生不良情绪和行为，在孩子自我释放和调节的过程中，难免会将其转移到家长身上，必然对家长的耐性构成莫大的挑战。

2. 正确的应对态度

首先是要体谅孩子，要做到不被孩子的糟糕情绪所触怒，提醒自己：孩子并不是有意让你生气的。其次是弄清真相，了解和分析孩子表现出的糟糕情绪。比如询问："你好像有些焦躁，发生了什么事吗？"特别是当孩子较小，还不能很好地自我消化不良心理情绪时，更要鼓励孩子无拘无束地把事情讲出来。但如果孩子较大，家长要意识到孩子可能愿意保留隐私，这时可以说：

"你可以先不讲，但当你决定讲出来时，我随时都会乐意倾听。"最后是对孩子给予更多的关注，当孩子心情糟糕的时候，为了避免硬碰硬，家长很多候会选择避开孩子。其实，这反而是孩子最需要爱护和理解的时候，应该尽量陪他一起度过生活中的烦恼和困难。

3. 如何为孩子提供帮助

（1）让孩子拥有自己的时间。许多父母让孩子学乐器、学外语以及电脑等，大量占用了孩子的课余时间，常使孩子感到压力过大，精神紧张。其实，父母应合理安排孩子的课余生活，保证孩子有充足的时间独处，做自己喜爱的游戏，父母不要去干预。

（2）对孩子的意见予以鼓励。从身体和智力发育上来说，孩子大约在 7 岁左右会开始出现一个质的飞跃。由于内因和外因的相互作用，孩子开始发展抽象和逻辑思维能力，有了自己的思想。由于世界向他敞开了更宽广的一扇门，孩子不再认为爸爸妈妈是绝对正确的，当家长的意见越来越多地受到挑战时，说明孩子正在充分发育和成长，千万不要予以压制和打击，最好是通过鼓励和讨论的方式，帮助他学习更周详地思考和表达。

（3）鼓励孩子表达自己的愤怒。没有化解的愤怒是压力潜在的根源。父母要鼓励孩子诉说生气的原因，并让他感觉到你无时无刻不在关心他。

（4）让孩子参加体育锻炼。体育锻炼有利于减轻心理压力，消除紧张情绪。不少孩子通过踢球、骑车、游泳等活动，不仅消除紧张焦躁的情绪，还锻炼了在遇到突发事件时保持镇静的能力。

（5）根据具体情况来对待孩子的"无礼"。当孩子故意表现出无礼、叛逆等不良行为时，家长要认真考虑一下，这些行为究竟在哪些方面越过了底线？反映出何种心理诉求？如果只是偶然才出现顶嘴叛逆的话，家长则不必过于敏感，适当的叛逆行为对孩子来说可以缓和情绪的波动。然而，如果这种无礼的行为继续下去，那么就有必要对孩子进行教育，说明为什么这种行为会使人感到厌烦，并且共同制定一些更为严格的规章制度。

（6）教会孩子一些放松的技巧。如深呼吸、慢跑、打一场球、睡觉、洗热水澡等，对缓解紧张压力、促使精神松弛都有一定的作用。

（7）创造欢乐的家庭气氛。如果孩子出现紧张焦躁情绪，一味地讲道理意义不大，而有趣的玩笑或幽默的语言却会收到很好的效果。

（8）注意孩子情绪波动的爆发模式。大部分情况下，孩子的焦躁情绪都是短暂的，但如果这种情绪持续的时间较长并且经常出现，家长则要考虑寻求专家的帮助。同时还要注意以下情况：孩子的吃饭和睡觉情况是否有所变化、是否有不想去上学或不想去朋友家串门的情况、是否表现出精力不集中或功课落后的情况等。这些都是焦虑情绪的征兆，应该及时给予重视，寻求解决的办法。

（9）让孩子接受音乐的熏陶。常在家中播放一些轻松舒缓的音乐，对缓解孩子的焦躁情绪有一定的帮助。

（10）提供安静的休息环境。干净和有条不紊的房间有助于孩子进入梦乡。应避免孩子在睡觉前看恐怖影视节目及使人精神紧张的故事等。

当孩子情绪波动时，愚蠢的父母责备孩子，聪明的父母关爱孩子。

——赵东华

有效克服自卑的方法

自卑是一种性格缺陷，而一个人的自卑性格的形成往往源于儿童时代。无疑，自卑对孩子的心理健康将产生负面影响，更对一个人的身心两方面的正常成长起消极作用。

1. 儿童自卑的早期征兆

美国儿童心理治疗专家霍夫曼指出：当家长的须关注自己的孩子有没有自卑心理，一旦发现，应尽早帮助克服和纠正，以避免随年龄的增长最终形成自卑性格。自卑儿童往往会表现出如下早期征兆：

（1）常年情绪低落。如果孩子常常无缘无故地郁郁寡欢，那很可能就是自卑心理使然。

（2）过度害羞。害羞过度（包括从来不敢面对小朋友唱歌，从来不愿抛头露面，从来不敢接触生人等等），则可能内心深处隐含有强烈的自卑情绪。

（3）拒绝交朋结友。一般来说，正常儿童都喜欢与同龄人交往，并十分看重友谊，但是具有自卑心理的孩子绝大多数对交朋结友或兴趣索然，或视为"洪水猛兽"。

（4）难以集中注意力。自卑感强的儿童在学习或做游戏时往往难以集中注意力，或只能短时间地集中注意力，这是因为"挥之不去"的自卑心理在作祟。

（5）经常疑神疑鬼。自卑儿童对家长、教师、小伙伴对自己的评论往往十分敏感，特别是对别人的批评，更是感到难以接受，甚至耿耿于怀。长此下去，他们还可能发展到"疑神疑鬼"的地步，总无中生有地怀疑他人不喜欢或者怪自己。

（6）过分追求表扬。自卑儿童尽管自感"低人一等"，但往往又会反常地比正常孩子更追求家长和教师的表扬，而且可能采用不诚实、不适当的方式，如弄虚作假、考试作弊等。

（7）贬低、妒忌他人。自卑儿童的另一不正常反应是：常常贬低、妒忌他人，如可能因为邻桌受到老师表扬而咬牙切齿甚至夜不能寐。心理学家认为，这是他们为减轻自身因自卑而产生心理压力设计的宣泄情绪的渠道，尽管这往往并不奏效。

（8）自暴自弃。自卑儿童往往会表现为自暴自弃、不求上进，认为反正自己不行，努力也是白费力气。更有甚者，还可能表现出自虐行为，如故意在大街上乱窜，深夜独自外出、生病拒绝求医服药等，似乎刻意让自己处在险境或困境之中。要是遭到家长指责，便以"反正我低人一等"作辩解。

（9）回避竞争、竞赛。虽然有的自卑儿童十分渴望在诸如考试、体育比赛或文娱竞赛中出人头地，但又无一例外地对自己的能力缺乏必要的自信心，因而断定自己绝不可能获胜。由此，绝大多数自卑儿童都是尽量回避参与任何竞赛，有的虽然在他人的鼓励下勉强报名参赛，但往往在正式参赛时又会临阵逃脱，甘当"逃兵"。

（10）语言表达较差。据专家所做的统计，高占8成以上的自卑儿童的语言表达较差。他们或表现为口吃，或表述不连贯，或表达时缺乏情感，或词汇贫乏等等。专家们认为，这是因为强烈的自卑感极有可能阻碍了大脑中负责语言学习系统的正常工作之故。

（11）对挫折或疾病难以承受。自卑儿童大多不能像正常儿童那样承受挫折、疾病等消极因素带来的压力，即便遇到小小失败或小小疾病便"痛不欲生"，有时甚至对诸如搬迁、亲人过世、父母患病等意外都感到难以适从。

2．消除自卑的方法

父母应多给孩子讲：许多人都有着自己的缺陷，都会产生自卑感，关键要能够克服自卑感。亚里士多德、达尔文、伊索、拿破仑都有口吃病，亚历山大、莫扎特、贝多芬、拜伦都因身体佝偻、口吃、耳聋、身材矮小等而产生过自卑感，但他们并不因此而灰心，也没有因此而丧失生活的勇气。他们坚定了成就大业的信心，结果都取得了成功。当孩子了解到这些名人的故事后，慢慢就会树立自己的信心，增强进取的勇气。

要孩子克服自卑感，父母自己要有自信心，并把自信心传给孩子。父母要多教育孩子，让孩子知道任何人都有自己的优点和缺点，不管是身体方面还是其他方面，都是这样。

（1）鼓励学习，增强自信

有位母亲第一次参加家长会。幼儿园的老师说："你的孩子有多动症，在板凳上3分钟都坐不了。"回家的路上儿子问老师说了什么，她鼻子一酸，差一点落泪。"老师表扬了你，说宝宝原来在板凳上坐不了1分钟，现在能够坐3分钟了。别的家长特别羡慕妈妈，因为全班只有宝宝进步了。"那天晚上，儿子破天荒地吃了两碗米饭。第二次家长会，老师说："全班50名同学，这次你儿子数学排49名，我怀疑他有智力问题，最好带他到医院看一下。"

回家的路上，她哭了。回到家里，看到诚惶诚恐的儿子时，她振作精神："老师对你充满信心，你并不是一个笨孩子，只要你能够细心些，会超过你的同桌。"说这些话时，她发现儿子暗淡的眼神一下子亮了。

第二天上学，儿子比平时起得都早。孩子上了初中，又一次家长会，老师告诉她："按你儿子的成绩，考重点中学有点危险。"她还是告诉儿子："班主任对你非常满意，只要你努力，很有希望考上重点中学。"

高中毕业，儿子把清华大学招生办的通知书送给了妈妈。边哭边说："妈妈，我一直都知道我不是个聪明的孩子，是您……"

这时，她再也按捺不住十几年聚集在内心的泪水。

小孩的特点是好奇、幼稚、缺乏自信。他们对每一点小小的进步都非常在乎，渴望得到大人的肯定。父母和教师要鼓励孩子学习，真诚地赞扬他们所取得的微小的成绩，使他们切实认识到"我能学好"从而增强自信心。

（2）发挥特长，促进自信

孩子们的智力发展是不均衡的，每个人都有自己的个性特色。父母要了解孩子，激发他的优势。小田学习成绩不拔尖，但他天生一副好嗓子，朗读起课文来声情并茂，父母和家长充分发挥他的特长，让他担任学校广播站的播音员，他不仅发挥了特长，成绩也提高了很多，从而促进了自信心。

（3）积极发言，培养自信

要重视孩子的语言发展。贫乏的语言环境妨碍学业的进步。要尊重儿童的意见和感情，创设安全的气氛，让孩子畅所欲言，要鼓励孩子在课堂上积极发言，以培养他们的自信心。不要错误地认为不声不响埋头学习就是好孩子。

（4）指导实践，提高自信

要鼓励孩子参加各种解决问题的实践活动。无论是学科学习还是非学科学习，要指导孩子自己动脑筋解决问题，常使他们体验到成功的喜悦，那么，孩子的自信心就会得到提高。

高度的自信和自由奔放的创造性是密切相关的。研究表明，只有具有自由创造才能的儿童，充满自信，沉着镇静，善于独立思考，才能够聚精会神，专注于个人的学业，使学习效率不断提高。

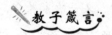
教子箴言

由于痛苦而将自己看得太低就是自卑。

——斯宾诺莎

让孩子大胆地说出心里话

孩子有了心里话会对谁说，父母、老师能否真正倾听孩子的心里话？一项针对儿童的调查表明，在他们烦闷或苦恼时，在倾诉对象选择上，父母强于老师，也就是说他们更倾向于向自己的父母说出心里话，然而现实中父母却很难担当这一角色。

许多父母，遇到孩子叛逆的态度时，大都会摇头大吐苦水：孩子到底在想些什么？他为什么都不肯告诉我？由此可见，想要打开孩子心扉，探一探孩子的内心世界，是为人父母者需要必修的课题。

有一个6岁的孩子，刚从奶奶家回到父母身边，有一天，母亲炒了一盘鸡蛋，端到桌子上，接着进厨房继续炒别的菜，等母亲再次来到桌旁时，孩子已把鸡蛋吃得精光。但妈妈并未责骂他，只对他说："父母都还没有吃，你怎么可以一个人把鸡蛋都吃光了呢？"孩子不吭声，却在一旁悄悄掉眼泪。

母亲问："你这孩子怎么这样，我又没训斥你，你还哭？"

经询问才知道，他在奶奶家里时，吃得越多，奶奶越高兴，多吃点儿，奶奶还表扬呢，从没有告诉过他，别人没吃的时候，自己不能都吃完。母亲耐心给孩子讲明道理后，孩子从此便知道了做事还要为他人着想。

父母若一味责怪而不与孩子交流，只能让孩子徒受委屈而又得不到教育。孩子毕竟是孩子，他们考虑事情，都是十分单纯、幼稚的，这时父母切不可妄下结论，轻视或嘲笑他，而是应该认真听他的想法，与他一起讨论解决问题的办法。让他自己先说，父母再加以评论与引导，着重对事态的现状，进行一些得失利害的分析，鼓励他自己去面对与战胜困难。孩子说出了心里话，尽管有时很荒唐，父母也不可取笑，更不可妄加指责。父母要允许孩子发表自己的意见，并让孩子意识到自己的意见是受父母重视的。

孩子在成长过程中，不可避免地会做错事，说错话，父母应语重心长地耐心开导，让他真正知道自己的错误所在。

1. 多和孩子聊天

现代父母最大的特色，就是"忙"。爸爸忙，妈妈忙，能干的职业妇女在家里最常挂在嘴边的，就是催孩子：赶快洗澡、赶快吃饭、赶快写功课、赶快……

一忙、一急，哪有时间、哪有心情和孩子好好聊天呢？可是，不多和孩子聊聊，又怎么会知道他在想什么、他想做什么？

合格的父母，无论再忙，也会找出时间和孩子聊天，做温馨的亲子对话，多听孩子的想法，也适时说理给孩子听，给孩子适当的管教。

常和孩子接触、聊天，可以让孩子知道什么是对的、什么是错的。当孩子犯错的一刹那，心里自然而然就会出现一股约束力量，知道父母曾告诉自己不可以这样，错事就可以不必发生了。

2. 学习倾听孩子的话语

多数人都习惯说话，不习惯听话，尤其是父母面对孩子，更是滔滔不绝，要他做个"听话"的孩子。然而只顾自己说，不听孩子说，怎么知道他在想什么？不听孩子说，又怎么能了解他、管教他？所以，父母想要有个听话的孩子，必须先要"听"孩子说"话"。要养成倾听孩子说话的习惯，并不很困难，只要告诉自己"少开尊口"就可以了。

当孩子在述说一件事时，父母尽量忍住不要打岔，只需不时地点头、微笑，或以简单的言语鼓励他说下去就可以了。当孩子发现父母有兴趣聆听他的诉说，他一定会有兴趣说给你听。

从倾听中，父母能够知道孩子在学校和老师、同学的相处情形，孩子在班上暗恋的对象是谁，哪个同学有欺负人的习惯，孩子最讨厌哪门功课……

3．鼓励、说理代替责骂

许多孩子总喜欢把"懒得理你"挂在嘴上，当孩子以这种态度对待父母时，其实他对父母的失望已经有好长一段时间了。因为，长久以来，孩子和父母沟通不良，干脆"免谈"。

为什么沟通不良？也许以前孩子是很喜欢和父母聊天的，可是常常他才刚开口，马上换来一顿骂，久而久之孩子就不想说了。亲子沟通从谈心、聊天开始，而良好的沟通除了由温和的言语做起，一个微笑、一个拥抱，都是亲子关系的润滑剂。

言辞是行动的影子。

——德谟克利特

用温和的建议给孩子的心灵松绑

孩子幼小的心灵极容易受到挫伤,家长任何粗暴武断的教育方式都不会奏效,甚至会适得其反,只有用温和的方式,真诚地和孩子交流才能走进孩子的心灵。为什么教育孩子时最好要用温和的建议呢?

首先,温和的建议能减缓孩子的心理压力,多数孩子都害怕批评,这是一种潜在的心理负担。一旦受到了父母的呵斥,这种负担便会转化为"心理压力",孩子会因为考虑到父母将怎样处置,而变得焦虑不安,精神紧张;同时,自我保护的本能,又会促使孩子做出"心理防御",以至于在父母面前不敢也不愿道出真情。这时,倘若父母能用和蔼的态度、温和的建议开导、说服,孩子就会获得心理上的宽慰。紧张的神经会渐渐松弛,情绪稳定了,父母的说教也就容易接受了。

其次,温和的建议能减弱乃至消除孩子的逆反心理。许多孩子从小就受到父母过分严厉的斥责,可以说他们是伴着训斥声长大的。在这些孩子眼里,父母不可亲近,而且令人憎恨。由于情绪的强烈对立,所以对父母的要求,往往一概拒绝。有时甚至反其道而行之,故意调皮捣蛋与父母对着干。可见,严厉斥责只能使孩子的对立心理更趋激化。

温和的建议,心平气和地就事论事,会对孩子产生良性暗示,愿意接受父母的教诲。如长期坚持这样做,自然会消除逆反心理,而且会自觉地按照父母所讲的道理去学习、生活和做人。

再次,用温和的建议与孩子谈话,可以缩短父母与孩子之间的心理距离,增进彼此的亲密关系。相反,那些热衷于保持父母的"尊严",对孩子声色俱厉的训斥，往往会阻碍父母与孩子之间心理的沟通和感情的交流。

总之，用温和的建议与孩子沟通，比较合乎孩子的心理要求和特点，它有助于促进父母与孩子之间的思想交流和感情的沟通，从而使孩子尊重父母、信赖父母，自觉自愿地接受父母的批评和教育。

如果父母用命令的口吻告诫孩子，孩子就会拒绝，因为他们感到对你的让步，就意味着自己的软弱和不自主。经常听到有些父母高声亮嗓地吼孩子："不要吵，不要乱喊乱叫！""父母说话时别插嘴！"在这种情况下，孩子往往也会态度强硬起来，变得蛮不讲理。

其实，客气地用温和的语调征求孩子的意见，他们会乐意去实现你的愿望。如果你改换成温和的口吻，表示重视孩子的意见，友好地问："你是怎样想的?"或者说："我想和你商量一下，你说怎么办才好?"你就会看到孩子会很认真地考虑和关心你提出的问题。

强强是个聪明的孩子，平时也很乖巧。但有一次，他跟妈妈到姑姑家去玩时，却发生了点不和谐的小"插曲"：到了姑姑家后，由于妈妈很长时间没有见到姑姑了，所以难免和姑姑聊得时间长了点。本来强强和姑姑家的表弟玩得也很好。可是快到吃饭的时候，强强吵着要回家。妈妈正和姑姑聊到兴处，也没有心情理强强，只是随口说了句："去！去！去！……"

没想到强强一改往日的乖态，躺在地上撒起泼来。这还真让妈妈下不来台，妈妈抡起巴掌就在强强的脸上留下了纪念。这下强强更不依了，姑姑只好让他们"打道回府"，一场好端端的相聚就这样在不和谐的气氛中收场了。其实如果妈妈能和强强说得好一点，或许就不会出现这种尴尬的局面，这是妈妈"粗暴"的结果。

当孩子出现问题时，父母不妨先放下"打骂"或"粗暴"的管教方式，使用温和的建议，或许真的能收到预料之外的良好效果呢。

1. 以体恤和宽容孩子为出发点

孩子的成长过程是一个不断学习的过程。因此，面对孩子的问题，父母不能发脾气或自我失控，而应该以理解、体恤和宽容孩子为出发点。唯有如此，才能够做到理智、平静地面对和处理孩子身上的问题。

2. 针对孩子情况提出建议

有效的建议，都是有的放矢的。父母对孩子提出建议应该从孩子的实际情况出发，做到具有针对性和可行性，只有这样才能够收到事半功倍的良好效果。否则，无效的建议提得太多了，反而容易引起孩子的反感。

3. 尊重孩子的选择和意愿

父母给孩子提建议是应该的，但千万不能抱着"孩子一定要听取"的想法，否则，一定要孩子听取，那就不是"建议"，而是"命令"了。孩子也是人，他们有自己选择的权利，对于父母的建议，他们听不听取，父母也要尊重孩子的意愿，千万不能采取压制或胁迫手段。

4. 爱意融融，用温情打动孩子

对孩子的建议，要包含无限的真诚和浓浓的爱心，因为，只有这种温情脉脉的建议，才能最有效地打开孩子的心灵，被孩子听取。"未成曲调先有情"，教育孩子只有动之以情，才能够收到良好的效果。当父母能够用温暖的阳光去照耀孩子的心，孩子就会在愉悦之中成长。

教子箴言

孩子最喜欢爱他的人，也只有爱才能培养他。当孩子看到并感觉到父母对自己的爱的时候，他会努力听话，不惹父母生气。

————捷尔任斯基

不说伤害孩子的话

有些妈妈在生气的时候，常常说"妈妈不要你了，妈妈再买个宝宝回来""妈妈不喜欢你了，妈妈喜欢别人"的气话。也许你是出于无心，但自己随便不负责任说出的话，可能会对孩子的心灵造成重大的影响。父母在孩子心目中一般都具有高大的形象，所以你所使用的每一句话都可能让孩子更加乐于合作，更加自信，但也可能令他们感到挫败和失去信心。因此，作为父母应该多说能解决问题并让孩子快乐的话语，永远拒绝那些伤害孩子的话溜出自己的嘴。

提起对孩子的伤害事件，人们首先想到的是被人抢劫、勒索、欺负、以及被父母或教师体罚等。但是对孩子而言，他们怕的"软"伤害远胜过这些"硬"伤害，在他们的心中，排在第一位的是软性的"语言伤害"。"中国少年平安行动"组委会曾公布一项内容为"你认为最急迫需要解决的家庭伤害"的专项调查，结果显示：81.45%的被访问的孩子认为家庭"语言伤害"是最需要解决的问题。

经常遭受"语言伤害"，孩子的心灵就会扭曲，即使成年之后也会出现较多的行为障碍和个性弱点，难以适应社会。为了孩子健康成长，父母要对不良语言的严重后果予以高度关注，不要以为几句过头话不会对孩子造成多大危害，气急之下就口不择言地说许多刺激孩子的话，对孩子造成了心理伤害，却浑然不知。要知道这种心灵的伤害甚至比肉体的伤害更严重。父母作为孩子的"第一任老师"和"最亲近的朋友"，切不可成为这样的伤害者，让孩子感觉"最亲近我的人伤我最深"，因而疏远、躲避父母。

塑造孩子的一生：

让孩子无忧无虑地成长

来看一位家长的叙述：

有一次，我和女儿带着6岁的外孙到西班牙度假。在一家商店里，外孙非要买滑板，但妈妈说："你已经有两个了，不能再买了。你这个孩子，怎么这样贪得无厌啊！"

外孙一下就躺在地上尖叫起来："我就要，现在就要！"

我走出去了，在外面站了一会儿，觉得自己应该做些什么，就进去对外孙说："我知道你很伤心，很生气，有的时候生活就是这么让人沮丧。不过我有个好主意，你愿意试试吗？"

外孙觉得外婆理解他，又想尽力帮自己，就停止了尖叫。

我对外孙说："你想买滑板，可我和你妈妈都不愿意给你买。我们可以到别的商店看看，有没有商店愿意把它作为礼物送给你。"外孙高高兴兴地拉着我的手来到另一家商店，我把他介绍给售货员，问是否能满足孩子的要求，售货员遗憾地摇了摇头。我们走了四家商店都碰了钉子，到了第五家，外孙说："我不买滑板了，我还是玩家里的那个吧。"

遇到上述案例中的情况，通常情况下，父母的反应都是会说"你不应该尖叫""不许哭"。但是作为一个孩子，出现这些情绪是正常的。父母应该尊重孩子的情感，允许他们表达，否则，就会造成对孩子心灵和情感的伤害。

怎样才能避免对孩子造成情感伤害呢？很多时候，孩子的行为让父母头疼，而且也是不对的。父母要避免对孩子的"语言伤害"并不是件难事。下面的建议，不妨作为父母的参考。

第一，要清醒地认识到"语言伤害"的严重程度，在思想上高度重视。

第二，要多鼓励孩子，采用积极性语言教育孩子，时时刻刻注意不对孩子说伤害他们的话，尤其是在"恨铁不成钢"或气急的种种情况下，更要保持理智，控制好情绪，努力做到和风细雨、循循善诱。

第三，讲究批评的艺术，要以提醒、启发来代替指责、训斥。如用"我相信你可以做得更好"鼓励孩子有更努力的动机，用"没关系，慢慢来，尽力而为"帮助孩子调整焦虑、紧张的情绪，等等。

第四，要做好自我调整，以平常心看待自己的孩子，根据孩子的生理、心理特点，因材施教。避免说出诸如："你怎么越大越……""你都这么大的人了，竟然还……""你怎么就不能像人家……那样呢?""我刚才是怎么跟你说的?"之类的话。这些话语都会刺伤孩子的自尊和心灵。

总之，"良言一句三冬暖，恶语伤人六月寒"，同样是语言，功效却截然不同。父母们若要科学地教育孩子、关爱孩子，就该多用"良言"，禁用"恶语"，以免对孩子造成"语言伤害"，酿成无法挽回的过错。作为父母，为了孩子，从现在开始，改变自己的说话方式吧。

教子箴言

孩子的身上存在缺点并不可怕，可怕的是作为孩子人生领路人的父母缺乏正确的家教观念和教子方法。

——珍妮·艾里姆

别当众揭孩子的短

英国教育家洛克说过："父母不宣扬子女的过错，则子女对自己的名誉就愈看重，他们觉得自己是有名誉的人，因而更会小心地去维持别人对自己的好评；若是你当众宣布他们的过失，使其无地自容，他们便会失望，而制裁他们的工具也就没有了，他们愈觉得自己的名誉已经受了打击，则他们设法维持别人的好评的心思也就愈加淡薄。"

实际情况正如洛克所述，孩子如若被父母当众揭短，甚至被揭开心灵上的"伤疤"，那么孩子自尊、自爱的心理防线就会被击溃，甚至会产生以丑为美的变态心理。

每个孩子都是活生生的生命个体，他们不仅仅满足于被爱、被保护，他们更渴求得到尊重和理解。

一个星期天，一位中学生邀请他的同学来家聚会，他们玩得正开心，妈妈回来了，看到家里乱七八糟，便火冒三丈，当着同学的面把他臭骂了一顿。儿子觉得自尊心受到严重挫伤，同学们也感觉下不了台阶。这孩子一气之下就到姥姥家去住，每天都从姥姥家直接上学，母子俩"僵"了两个星期，最后还是妈妈主动承认错误，化解了矛盾，孩子才肯回家。

尊重孩子，保护他的面子，这对孩子的成长来说是极为重要的。站在孩子的立场尊重孩子，会有益于孩子产生和形成一种自重、自爱、自尊，并要求受到别人尊重的情感。具有这种情感的孩子，在人际关系上，既能尊重自我又能尊重他人，所以他们也能得到别人的尊重，在生活中就会自信心高，责任感强，有进取精神。

其实，孩子的面子比大人的面子更重要。因此，父母们不要当众批评孩子，因为孩子每一个行为都是有原因的。这是由孩子的心理、生理年龄特点所决定的。也许这些原因在成人看来是微不足道的，但在孩子的眼里那是很严重的事情。不了解原因当众批评孩子，非但不能解决问题反而会使问题变得更糟，使孩子产生逆反抵触情绪，导致对孩子的教育很难继续下去。其实，父母要做到正确的批评，还真有些小窍门，因为批评不仅应该有益于家庭教育，也应该是保持良好的亲子关系的关键所在。

1. 批评孩子要注意时间和场合

父母尽量不要在清晨、吃饭时、睡觉前批评孩子。在清晨批评孩子，可能会破坏孩子一天的好心情；吃饭时批评孩子，会影响孩子的食欲，长此以往会对孩子的身体健康不利；睡觉前批评孩子，会影响孩子的睡眠，不利于孩子的身体发育。最关键的是，父母批评孩子最不应该在公开场合，比如：公共场所、当着孩子同学、朋友的面、当着众多亲朋的面。孩子也是有自尊心的，甚至有的孩子自尊心会很强。如果父母在公开场合批评孩子，会让孩子感觉很没面子，还可能会对父母心怀不满甚至心生怨恨，会影响父母与孩子之间的感情。

2. 批评要合理

批评合理才能使孩子从心理上产生接受感，才有可能纠正孩子的不良品德、不良行为、不良习惯与不良学习态度等。

父母对孩子进行批评首先要把孩子的不良行为事实搞清楚，事实不清，夸大其词会使孩子产生拒绝心理。因此，父母在批评孩子时，要做到有一说一、有二说二，绝不能把一说成二。生活中，有些父母之所以批评孩子遭到抵制，甚至让孩子产生不满，就是因为父母批评的理由不充分，甚至夸大其词，使孩子产生反感。

3. 批评要与教育结合起来

批评的目的是为了纠正孩子的不良行为、不良品德、不良习惯与不良学习态度等。为了使批评能够达到目的，父母在对孩子进行批评时一定要向孩子讲清楚不良品德、不良行为、不良习惯与不良学习态度的危害性，使孩子感到非常有必要克服这些缺点与改正错误，使孩子感到父母批评自己的目的确实是为了自己好、是为了使自己能够更快地进步。

3. 批评要批评在点子上

"打人莫打脸，骂人莫揭短"，父母的批评要有针对性，就事论事。然而，有些父母批评孩子却不是就事论事，而是东拉西扯算旧账，把上星期、甚至一年前、两年前孩子的过失都放在一块儿算。这样就冲淡了要批评过失的主题，孩子不知道挨批评的重点是什么，也不清楚父母让他改正什么，这也不是，那也不是，总是有缺点，容易使孩子产生消极情绪，失去信心。

4. 批评孩子也要给孩子申诉的机会

当批评不符合事实，父母也应该允许孩子做出解释。因为如果孩子表面上虚假地表示接受批评，然而心里大感委屈，实际上不仅于事无补，还可能引发种种弊端。与此同时，父母也要让孩子明白：解释的目的并不是让孩子推卸本来应负的责任，而是让孩子把心里话说出来，有助于批评的效果。同时，还应要求孩子保持解释时心平气和、实事求是的态度。

达到成功的家庭教育来自于父母对孩子的深入了解，接受和尊重孩子而不是揭孩子的短。因此，当孩子的行为表现不能令人满意时，父母千万不要劈头盖脸地随意指责孩子，要根据不同时期孩子的心理特点给予积极引导。

批评孩子是一门艺术，因此，我们每个做父母的，都应该努力去学习、去探讨这门艺术，以便让我们对孩子的批评能有的放矢，如春风化雨般滋润孩子的心田。

教子箴言

对孩子们来说，父母的注意和赞赏是最令他们高兴的。

——卡耐基

赢得孩子的合作

赢得孩子合作的关键在于懂得孩子们内心的想法，当孩子们认为你懂得他们的想法时，要赢得他们的合作就会变得容易得多，一旦他们感到被理解，便会愿意听取你的意见，共同找到解决问题的方法。

父母在要求孩子做某事时，最先要考虑的是让孩子从心里明白为什么要这样做，他才会心甘情愿。假如孩子并没有从心里懂得父母要求他们的意图，方法就不能适得其所。例如孩子的房间很乱，需要收拾一下。这时父母会说"自己的房间自己收拾"，按逻辑，孩子应义不容辞地去收拾自己的房间了，但现实往往不是这样。

孩子可能在收拾房间的过程中又发现什么有趣的事，干到一半就开始玩，把房间搞得比没收拾前还要乱。这样一来父母有些不高兴了，就开始训斥，孩子不听，就会抓过来打一巴掌，然后逼迫他把自己房间的玩具收拾好，装到盒子里，把枕巾摆整齐，等等。

孩子刚才玩得兴致很高，被父母这么生气地干涉后，内心里很不情愿，结果产生逆反心理。他也许会躲在墙角，任你千呼万唤就是不理睬，甚至顶撞，对父母做鬼脸，就是不去按父母的要求做。

对发生的这种情况，建议由家长另找时间和孩子进行探讨。问题症结何在，从孩子的本质来讲，他们愿意帮助父母干事情，因为这样做就会证明他们有能力。父母应该和蔼地告诉自己的孩子，对他们为父母做的每一件事，父母都表示关注，认为孩子已经长大了，懂得帮父母的忙，是件值得庆幸的事。这会使孩子很高兴，会更积极地进行配合。

下面介绍三种对赢得合作有帮助的方法：

1. 向孩子讲出你懂得他此刻的感受，要保证让孩子认可你的理解是正确的。

2. 用自己的经验故事与孩子分享，你也曾有过类似的感觉。

3. 在上面两步骤成功地完成后，孩子准备好倾听你的意见了，此时家长可以问他是否愿意一起寻找解决问题的方法，问他是否有不同想法，将来如何避免发生同样的问题。这完全是以探讨的口吻将孩子与大人的身份公平对待，孩子一般会合作，如果没有效果，父母可提出一些建议和寻找共识。因为，一种友善、关心及尊重的态度是取得孩子合作的基本需要。

马丁太太讲了一个有关的经验。

她的儿子伊凡放学回家后抱怨今天老师当着全班的面向他大声斥责。马丁太太听后把腰一叉，用质问的口气说："你是干什么坏事了？"伊凡瞪起眼，很生气地说："我什么也没干。""不会吧，老师不会无缘无故地斥责学生。"伊凡重重地坐在椅子上，一副不开心的样子盯着妈妈。

马丁太太继续责问："那么你打算怎样解决这个问题呢？"伊凡倔强地说："什么也不做。"如果这样再问下去，母子之间一定会对立起来，什么问题也解决不了。此时，马丁太太记起了上面的三步骤，改变了她的态度，用一种友好的语调说："我肯定你当时觉得很尴尬。因为老师在全班同学面前斥责你。"伊凡有些怀疑地抬头看了妈妈一眼，妈妈接着讲："记得我上三年级时，同样的事发生在我身上，其实我只是在算术考试时站起来借了一支铅笔，老师就让我下不了台，我感到十分尴尬，也很气愤。"

伊凡露出轻松的样子，现在很感兴趣了："真的？我也只是在上课时要求借一支铅笔，因为我没有足够的铅笔，我真的觉得为这么简单的事，老师教训我，不应该。""是这样，但你能不能想出办法，今后可以避免这种尴尬的局面呢？""我可以多准备一支铅笔，那就不用向别人去借打断老师讲课。""这个主意不错。"

马丁太太的目的是让伊凡不重复使老师生气的行为。她开始用讲述自己经历的方法，造成了她与伊凡情感上的沟通。当马丁太太改变了自己的态度与方式，很快赢得了伊凡的合作，愿意讨论问题，找出将来能对她有利的解决方法。这里面最大的秘密在于，妈妈能够站在伊凡的位置，分享他的感觉，使伊凡不需要把自己放在自卫的状态，随时考虑准备对付妈妈的办法。

教子箴言

积极的沟通不仅是父母与孩子对话的重要途径，它本身也是一种教育。受父母言谈处世的影响，孩子对他所处的环境也能以主动和自信姿态出现，能够从容理智地解决问题。

——卡尔·威特

第二章

孩子受人欢迎更有优势

随着孩子的成长，接触的人与事物都越来越多，他们在与人交往过程中也出现了变化，有的孩子很积极主动，而有的孩子则表现为退缩，看到陌生人时甚至会哭泣，如有人抢了他手中的玩具时，不知所措，只是哭泣。养成这种行为习惯往往是由于家长忽略了孩子最初的社会交往能力的培养。因此，在教育中应加强对孩子交往能力的培养，使孩子成为顺应时代发展的人。

根据孩子的特点，提升表达能力

调查发现 70% 以上的儿童存在着说话害羞的现象，大致可以归纳为两种类型：一是平时不爱说话，所以一说话就脸红、害羞；二是爱说话，但当众不敢讲话，怕羞。因此根据儿童的以上特点，有针对性地培养孩子说话不怕羞，敢于表达自己的思想、情感，提高社交能力，是至关重要的。

1. 开展"亲子对话"

所谓"亲子对话"教育法主要是依据每个孩子的个性来培养他的说话能力，若要与孩子说话，首先父母要学会如何倾听。听孩子说话是一种认同孩子的反应，而"亲子面对面"便是在孩子有话要说时，父母确实倾听的教育方式，让孩子感受到充分自我表现的感觉而信心倍增。与孩子的对话应当从幼儿期开始，希望父母们能够随时激发自己孩子的个性与说话能力。一般来说，爱说话的孩子因为好问而在想法上比较深入，也比较有自信、有个性。其实孩子们所说的话都有其原因及理由的，所以父母必须去了解孩子说话的原因。孩子说话的原因主要有以下 3 个：（1）有问题发生，需要大人的帮忙。（2）想把自己"所听、所见、所闻"的感受用声音去表达。（3）想感受与妈妈（亲人）的交流联系。

因此，倾听是一种认同孩子的反应，能使孩子感受到充分表现自我的感觉而信心倍增，大人的倾听会使孩子产生哪些变化呢？（1）贴近孩子，近距离地听孩子说话，对孩子来说会有各方面意想不到的学习能力出现。（2）孩子变得容易把自己的想法表达出来。（3）产生自信。（4）孩子的表达变得明朗。（5）孩子的个性变得比较圆融。（6）因为自己的感受、说话获得重视变得更有耐性、有安全感。（7）烦恼能尽快消除。（8）很早就能开始说比较长的句子和灵活运用不同的生词，对将来的写作和表达能力也有帮助。

2．吸引孩子和父母说话

和孩子说话是一种艺术，需要独特的方法和技巧。我们试着从下面两个例子窥知一二。

例一：孩子从幼儿园回来。妈："你回来了?"子："我回来了。"妈："今天在幼儿园都做了些什么?"子："没做什么。"妈："吃什么点心?"子："忘记了。"

例二：孩子从幼儿园回来。妈："嗯！宝贝，让妈妈看看！（专注地看了孩子一会儿）今天一定玩得很快乐。"子："对呀！我和小杰两个人一起玩搭积木，我们搭了一座动物园，然后，把许多玩具关进去当动物，很好玩哦……"妈："哇！听起来真的很好玩，可惜我没有玩到。"子："没关系！下次我教你玩。"

两个例子都是孩子从幼儿园回来，妈妈的动机同样是想要了解孩子今天过得好不好，做了些什么事、玩得快乐不快乐，但是结果却相去甚远。所以造成这样的差异，当然不全是因为问话技巧的不同，其中也包括长久累积下来的沟通模式，亲子（即双亲与孩子）关系的亲密度，孩子说话的意愿，以及在幼儿园的感受等因素。然而，不可否认，问话的技巧扮演着举足轻重的角色。

（1）把自己也变成孩子，走进他的世界，和他融成一片。因此，父母是否拥有一颗赤子之心，是非常重要的。

（2）和孩子密切相处，多关心孩子，了解其想法和需要。要了解孩子，就要多跟孩子接触，从他们的语言及行为中了解他们的想法、喜好、内在需要。

（3）注意孩子的反应与态度。现代父母由于工作忙碌，在和孩子说话时，常常会急着表示自己的意见和指示，期望孩子乖乖照自己的话做，最好不要有意见。所以，往往没有很仔细地把孩子的话听完，也忽略了孩子的反应。但是和孩子说话时，如果不了解他们的想法及立场，而让孩子感觉与父母沟通会令他不舒服，他们自然而然会避免接触，凡事不愿意向父母透露，亲子间的代沟必然越来越深。

（4）体会孩子的感受。当孩子在外面受了委屈，与好朋友或心爱的宠物分离时，他细腻的小心灵会难过半天。假如这个时候孩子向父母哭诉，父母却只是一味地告诉他"没关系，坚强一点""这没什么好难过的""你真没用，还敢哭"，会让孩子觉得父母一点儿都不能体会他的感受。若父母能以同情和理解的态度对待孩子，适时安抚他、给予安慰，相信会有截然不同的效果。

（5）回答孩子的问话，孩子提出问题时，应先了解其真正含意，并针对孩子的需要做回答。例如孩子问："妈妈，你要不要去买菜？"这个问题的真正意义其实是："妈妈，我想跟你一起去买菜。"假如你知道孩子的真正目的，就可以说："要啊！你要不要一起去？"孩子听了必定会很高兴。此外，对于孩子所提的知识性问题，父母也要慎重回答，或带着孩子一起寻找答案。这样，孩子以后不论碰到什么问题，都会主动向父母询问。

（6）避免用"我命令你……""我警告你……""你最好赶快……"等带有指挥、命令、警告、威胁、责备、谩骂、拒绝等负面意义的说话语气。

（7）经常变换新鲜的话题，引起孩子的兴趣。例如："你猜猜看今天我发生了什么事？""你知不知道为什么小孩子最喜欢恐龙？""如果有一天，太空人真的来到地球……"等话题，相信会比"今天过得好不好？""快乐不快乐？"更吸引孩子。

（8）充实孩子的生活经验。亲子对话的题材，往往来自生活之中，因此培养孩子一颗敏锐好奇的心是很重要的。父母可以带领孩子观察身边的各种事物，如一花一草一木，路上车子的颜色、造型、品牌，街上行人的穿着打扮，说话内容（百货橱窗、林林总总）都可以成为谈话的素材。

3. 有针对性的培养

语言表达能力因人而异，有的孩子天生表达能力较强，但由于缺乏勇气，反而常常处于听众地位；有的孩子表达能力不强，但表现欲望很强，不管什么场合都想表现自己，引起众人关注；有的孩子性格内向，表达能力欠佳，没有在别人面前表现的勇气，屡屡与机会失之交臂。这就需要家长对有强烈表现欲望的孩子予以指导，而对于不善表达自己的孩子，要将他们潜在的表现欲激发出来，以利于孩子表达能力的培养。

（1）表现欲过强的孩子，有些孩子很特别，他们不害怕甚至喜欢别人的关注。展示自己会让他们觉得很快乐，很满足。跟别的小朋友在一起时，总是抢着做这做那。而他们为什么会有如此强烈的表现欲呢？归根结底，其实是过多的赞誉之词造成的。有的家长在孩子学会了一个新本领或者做了一件成功的事情后，会毫不吝啬地将孩子夸得天上有地上无，久而久之孩子就只听得进夸奖他的话。其实孩子是很脆弱的，过重的压力和过多的夸奖他们同样都承受不了。唯有循循善诱、真诚以待才能让其保持自己性格中的闪光点，而不是一味夸大或一味打压。

（2）缺乏勇气的孩子，有一些孩子，他们并不反感成为舞台上的主角，只是缺乏那么点勇气。对于这样的孩子，应该用鼓励的话来引导他，给他打气，培养他的信心。在一次干部竞选活动中，宣传委员一职开始无人竞选，但在老师多次鼓励下，有两位同学红着脸，大胆地参与就职演讲。反之，若是老师对孩子们冷嘲热讽，说一些伤害孩子自尊心的、打击他们自信心的话。就只会让他更加望而却步。在孩子犹豫着是进还是退时，家长要多一些耐心和鼓励，也要教会孩子不断地充实自己，有了可以走上舞台的资本，就会有足够的自信。当然谁也不可能永远成功，如果孩子失败了一次，很可能一蹶不振。所以要让孩子懂得，重在参与，失败了不要怕，要往前看，值得期待的永远是下一次，要让孩子学会享受成功，也要能够承受失败。

（3）胆小内向的孩子，有些孩子天生胆小内向，也许他们心底存在着表演的欲望，但是他们的性格使得他们不敢在众人的目光下表现自己。对这样的孩子，要给孩子一个温馨的家庭环境，让其自由自在地发展。不妨鼓励孩子参加一些他们感兴趣的集体活动，鼓励他多跟同龄的小伙伴接触。不要希望孩子一下子就成为主角，让他自己在活动中获得自己的独特体验。这类孩子不能给他太大的压力，更不能强迫他做什么或者不做什么。此外，不要让孩子过分重视他在众人前的亮相，否则紧张会导致他在众人前的失败。让孩子在放松的氛围中展示自己，他会越来越大胆，表达能力越来越强。

教子箴言

　　当你与人互动交往时，记住：要满怀热情和诚信地与人交谈。

——卡耐基

纠正孩子的自闭倾向

一个很漂亮的小男孩跟着妈妈走进了医院神经内科的诊室。小男孩叫毛毛，今年4岁零8个月。幼儿园这样描述毛毛：毛毛不爱说话，也不与其他小朋友玩，老是中午一个人躲在厕所里玩，别人做操排队，他经常离队，不听老师指令……

妈妈很生气，说毛毛很聪明，认识700多个汉字，都能自己看小人书了，有什么病呀！但仔细一想，毛毛确实与别的孩子不同。他很冷漠，从不像别的孩子那样迎接她，抱抱她。前几天她肚子痛，痛得在床上打滚呻吟。毛毛好像没看见，还是自己在一边玩。

毛毛真的有病？医生拿出一张量表，叫在诊室里不停地走动的毛毛过来检查。他好像没听见，妈妈不得不把他抱过来。检查结果让妈妈很吃惊：毛毛得了一种叫"自闭症"（也叫"孤独症"）的小儿心理病。如不及时治疗，会影响孩子的智力发育。这类孩子因为孤独，对规则的事一点儿不懂，将来会与社会脱离，很难成长为一个正常人。

自闭倾向指在有人的场合，特别是在有生人的场合，会感到心理紧张，有异常的恐怖体验，并伴有异常的行为表现，如心慌、不安、脸红、手足失措、手脚发冷、出汗、语无伦次等。有自闭倾向的人为了摆脱这种消极的情绪体验，往往把自己封闭起来，拒绝与别人交往。

自闭倾向的产生有主客观两方面的原因。主观原因在于有些儿童本身可能具有腼腆、内向、害羞的性格，这些特点不利于儿童与他人交往。客观原因主要来自于家庭教育，独生子女本来就由于社会、家庭等因素出现了"不合群"的性格，如果父母不注意的话，不仅同意，还鼓励，甚至赞扬自己的孩子不与外界接触，不与同学交往，使孩子在还未接触社会之前，就已经对社会产生了一种恐惧感，这是非常不利于独生子女成长的。另外，孩子在交往中的屡次受挫，也会使他逐渐回避与人交往。孩子的这种自闭倾向对其成长有极大的危害，必须采取措施加以纠正。

家长必须完全以正面的行为来教导自闭儿，口吻简洁、明确而缓慢，避免使用否定式的字眼，例如：不可以、不要、不行。

1. 不要重复指令

行为训练法是以结构性的形式进行。在实施指令的开始阶段，家长尽可能不要重复指令，因为重复会让孩子养成习惯。其实不只对于自闭儿，普通小孩也一样，如果父母最初是以重复的指令打动孩子，以后你不这样做，他就做不来了。所谓指令必须从重到轻，譬如开始时会拉他去搬椅子，然后在半途就放手，让他了解你的意思。下一趟你就拍拍他的肩膀，指着椅子，发出简单的口头指示，例如：来这里，坐下来。如果运用得宜，以后即使只是用眼神，也可以叫得动他。家长不要忽略称赞的作用，让孩子觉得做对了，有成就感。另一种有助于训练自闭儿的做法，是采用具有强化正面行为的奖励策略，例如把一堆玩具放在一起，让孩子选最喜欢的，作为以后家长化解"僵局"的工具，或者成为激励他们完成行为训练的推动力。强化的目的也可以利用孩子喜爱的食物或科目取代，分量从多到少，再转换成吸引他们完成指定任务后的犒赏，最后慢慢让他觉得"其实我什么都可以做，不一定要有奖赏"。

2. 注重辅导而非迁就

正因为小孩与生俱来的敏感，使他们极容易对环境产生不适应的情况，因而无法正常的学习及沟通。一些患儿的睡眠紊乱及难以在他人引导下参加活动，给家人带来很多烦恼。此外，患儿的认知水平有很大的差异，从不同程度的智力发育迟缓到智商正常皆有，严重者甚至出现无诱因癫痫，甚至需要靠药物帮助。

尽管如此，做家长的也不能一味迁就到底，必须给予他们辅导，让他们慢慢适应现实生活，减少他们因知觉过度敏锐而引起的学习障碍。根据临床医学专家的看法，目前最有效的方法是对患儿进行早期的加强教育，既注重语言教育，也应注重行为教育。

3. 消除孩子对社会的恐惧心理，鼓励孩子多接触社会

家长应该清楚地意识到，随着孩子的成长，他与外界的接触会越来越多，孩子是社会中的人，只有在适应社会的过程中，才能获得社会的价值观念、行为规范和知识技能，从而不断成熟。父母不应该因为社会太复杂，就总把孩子收在自己的"羽翼"之下，如果养成习惯，孩子会对社会产生惧怕心理，无力承受外界的压力，极易形成自闭倾向。家长应鼓励孩子多接触社会，孩子在接触社会的过程中，会遇到在家里根本没有想到过的事情，通过对这些事情的解决，不断总结经验教训，使自己逐渐从稚嫩走向成熟。

4. 接纳孩子的朋友

与朋友交往本来是孩子脱离父母视线，开始走自己的路的开始，但如果父母仍固执地想让孩子按自己规定的轨迹走，就可能妨碍了孩子成长的进程。孩子们更多的是按照自己的需要选择朋友，他们需要在朋友那里得到的首先的是安全感。有时孩子觉得朋友可贵的地方，父母不见得会看得到。父母不一定非要喜欢孩子的朋友，但也不能总是抱怨，否则会伤害了他的感情，使他变得无所适从，导致将自己封闭起来。我们可以在孩子谈到他的朋友的时候注意倾听，弄清孩子为什么喜欢自己的朋友，可以邀请孩子的朋友到家里来玩，与孩子分享交朋友的快乐。

5. 教孩子正确看待交往中的挫折

孩子在交往中遇到挫折是难免的，但由于孩子的性格不同，对挫折做出的反应也不一样。有的孩子生性敏感，自尊心强，当他们遭到别人的拒绝时会很伤心，从而对与他人交往产生一种恐惧，逐渐变得退缩。家长应注意孩

子情绪的变化，经常同孩子沟通，了解孩子与朋友交往的情况。当出现问题时，采取合理有效的方式帮助孩子解决，从而使孩子积极地与他人进行交往。

6. 走进大自然

让孩子在心灵上不再孤寂。有人说，城市的"都市化"是对儿童天性的扼杀。这可能有点极端。但也不可否认，我们的孩子在心灵上的封闭与城市生活的单调、生活节奏的紧张确实有关。作为家长，我们不妨抽出时间来，带孩子去感受大自然。这样，不仅有益于孩子的身体健康，还会让他们把心中的不快与压抑释放出来，逐渐变得豁达、开朗。

教子箴言

唯一办事聪明的是裁缝，他每次总要把我的尺寸重新量一番，而其他的人，老抱着旧尺码不放。

——萧伯纳

培养孩子自我表现的勇气

有这样一个故事：有人想买个橱柜，找到一位名气很大的中国木匠，问："听说你的手艺很好？"中国木匠回答道："哪里，哪里，和别人相比差多了，实在拿不出手。"那人一听愣了，便转身去找了个美国木匠。美国木匠不停地夸耀自己手艺好，于是那人最终向美国木匠买了橱柜。数天后，当他再次经过中国木匠的小店，惊讶地发现这里的橱柜比美国木匠的要好得多！他非常不解，为什么中国木匠要说自己手艺不好？

几千年孔孟之道的浸染，形成了我们含蓄、内敛、宽厚、谦卑的民族性格。然而，在竞争激烈的当代社会，要求人们面对机会能勇敢、大声地说"我行"。因此，培养孩子自我表现的勇气和习惯，成了家庭教育的一个重要内容，对内向、胆怯的孩子尤为如此。

1. 扩大交际和接触面

一般来说，怯于表现的孩子面对众多目光只是觉得不安，并非讨厌赞美和掌声，只要看看他们投向同伴的目光就知道了。因此，家长应有意识地扩大孩子的接触面，让孩子经常面对陌生的人与环境，逐渐减轻不安心理。闲暇时，带孩子和邻居聊上几句，帮孩子与同龄朋友一起玩耍，建立友谊；购物时甚至可以让孩子帮忙付钱；经常到同事、亲戚家串门；节假日，一家三口背上行囊去旅游，让孩子置身于川流不息的游客潮中……随着见识的增长，孩子面对别人的目光时，便会多几分坦然。

2. 对特长加以鼓励

孩子怯于表现的原因还可能是缺乏自信，担心无法获得赞赏。因此，找出孩子的特长并由此树立信心就显得格外重要了。通过唱歌、跳舞、数数、背诵古诗、讲故事、画画、模仿等形式挖掘和培养孩子在这方面的能力，先创造机会让他在家人面前展示，加以热情鼓励，树立信心。当孩子为得到赞赏兴奋不已时，家长可以趁机说："宝宝唱得这么好，小朋友们肯定喜欢听！""邻居还以为我们家有一只百灵鸟呢，下次唱给大家听吧！"即使孩子一时还不能痛快接受提议也不要紧，至少心里会留下适应的印象。

3. 创造机会尝试表演

有了家长的肯定，再加上外人广泛的认可，孩子的自信心会得到强化。带孩子走出小家，鼓励他迎着外人的目光勇敢地展示自己，这个过程可能较长，孩子的表现也会有反复，家长应有充分的心理准备。

不妨先从孩子较为熟悉的环境入手，亲友聚会是个不错的选择，面对熟识的人，孩子会比较放松。比如家长可以看准时机，轻声对孩子说："今天是外婆的生日，如果为外婆唱首歌，她一定特别高兴。"甚至可以来点儿物质刺激："如果今天宝宝为大家唱一首歌，商店里的毛毛熊也一定愿意到我们家来跟你学唱歌。"

要注意的是，此时家长的声音一定要小，不一定非得当众大声宣布，要给孩子留有余地，众人期盼的目光或是善意的笑声都有可能加重孩子的排斥心理。如果孩子还是拒绝，家长不要再施加压力，给孩子一个台阶下："是不是今天没有准备好呀？那下次准备好时再唱吧。"同时，为了减轻孩子的负面情绪，还可以给他一个微笑或拥抱，或找出别的理由对孩子进行肯定："今天来的小朋友中，宝宝的吃相最好！"

4. 保持耐心和关怀

在此过程中，最忌讳的是家长缺乏耐心。当别人家孩子又唱又跳，聪明伶俐似小明星时，看到自家孩子畏缩地躲在一旁，"没出息的东西，见不得人……"之类的话便脱口而出。也许家长很快能恢复理性，认识到对孩子发脾气是不对的。可对孩子来说，所造成的伤害又岂是家长几句宽慰的话能轻易抚平的。当孩子与自己做斗争时，家长的鼓励就像一只温暖的大手，推动他们不断地取得进步。

当孩子通过自我表现获得赞美，体会到被肯定的喜悦时，自信心便会随之增强，而自信心的增强，反过来又会促使孩子勇于表现自己。也许孩子一时并不能像那些天性外向、开朗的孩子那样乐于表现，但只要他能学会勇敢地展示自己，就是在把握机会，积极进步。

教子箴言

如果你是懦者，你自己乃是你最大的敌人；但如果你是勇者，你自己乃是最大的朋友。

——弗兰克

允许孩子表达自己的意见

有的父母喜欢那种俯首帖耳"听话"的孩子，父母怎么讲，孩子就怎么做。一旦发现孩子做错了，就会不分青红皂白地训斥、打骂孩子，不允许孩子申辩。这样不但不能使孩子心服口服，还会使孩子滋长一种抵触情绪，为扯谎、推脱责任埋下恶根。孩子申辩本身是一次有条理地使用语言的过程，也是与父母交流的过程。如果父母能有意识地找一些问题来与孩子辩论，孩子的思维能力和口语表达能力可以得到很好的训练。

孩子在任何情况下都应当被允许表达意见，应当不仅仅是允许谈可接受的、安全的话题，而且要允许讨论、争论。这对孩子的发展是至关重要的因素。它可以建立孩子良好的自我形象、信心，让他知道一个孩子说的话和做的事都不是无关紧要的。就说话而言，他可以体会到孩子的权利是什么，社会允许的限度又是什么。

孩子再长大一些，就会质疑你的判断，提出相反的观点，并且不发脾气地进入真正的成人式讨论。在孩子改换角色，进入社会之前，让他在充满爱心的家庭中学习这一切非常重要。必须让孩子明白：能够自己思考是有益的。但不要因此而奖励正确的回答，惩罚错误的回答。好的父母并不急于在孩子一犯错误的时候就指出并纠正他们。如果你这么做，孩子自我检查和自我纠错的能力就得不到充分的发展，他也无法获得充分的自信。

成年人喜欢有礼貌地反驳别人，这同样适用于父母与孩子间的任何交往。你可以用这些方法帮助你的孩子形成看法，强化逻辑，教给他如何真正地、自信地发问。你可以允许你的孩子在友好的气氛中阐明他（她）的想法，反驳你的观点。好的父母会为孩子智力和自信的成长感到自豪，并且不惧怕孩子的异议。

让孩子养成"如果……"的思考习惯是件好事，这样他才能在同一时刻考虑几种不同的选择。当孩子冲动地建议一项不太合适的举动时，制止他，让他考虑一下如果那么做会发生什么，让他自己找出原因，为什么那样做不合适。这样，当你不在身边或是周围没有人帮忙的时候，他就会三思而后行。

与孩子说话还应采取以下正确方式：一是诱导式。通过循循善诱使孩子增知增智，获得乐趣，加深感情。二是协商式。对孩子采取平等的态度，尊重孩子的人格，通过商量和讨论启发孩子动脑筋想办法，使孩子积极参与说话。三是说理式，也可以称为"解释式"。动之以情，晓之以理。当不赞成孩子做什么的时候，应解释原因，说明道理，并征得孩子的理解和同意。在孩子做错事时，帮助孩子分析原因，指出危害，使孩子心服口服。

另外，在与孩子说话时，父母要特别注意以下几点：

一是要从平等的地位出发，不摆父母的架子。在心情好的时候要这样，在心情不佳或被顶撞的时候更要注意态度。

二是要以孩子为中心。要以孩子关心和感兴趣的话题进行说话，当然，有父母和孩子都感兴趣的话题更好。以这类话题说话最容易产生沟通，也便于掌握孩子的思想动向。

三是父母要有足够耐心。有些问题孩子不一定能很快理解，父母要有耐心帮助孩子慢慢认识。对孩子没完没了地讲述，父母也不要随意打断，应适当引导，使孩子逐渐提高表达能力。

 教子箴言

对别人的意见要表示尊重。千万别说："你错了。"

——卡耐基

让孩子从小学会交朋友

"找啊找啊找朋友，找到一个好朋友，敬个礼来握握手，我们就是好朋友……"

相信很多人都还记得小时候《找朋友》的歌吧。朋友，不仅仅是童年快乐生活不可缺少的元素，更能对一个人性格、气质、人际交往能力等产生重要影响。其实，孩子从一出生就喜欢看人的脸，喜欢对父母咿呀作语；3 岁时，喜欢和成人玩儿，要求别人给他讲故事；4 岁以后，更明显地表现出对同伴交往的兴趣。

交朋友似乎是这个世界上最自然不过的事情，但现在的孩子多是独生子女，从生下来到进入幼儿园之前，只能面对一个缺少伙伴的环境。虽然爸爸妈妈爷爷奶奶外公外婆的宠爱让孩子并不缺少智能、身体成长的条件，但是这些家庭人员和孩子的关系并不是平等的。这样的成长体验让一些进入幼儿园、小学的孩子也丧失了交朋友、与人相处的能力，产生"交际障碍"。

3 岁之前的独生子，是妈妈爸爸的小影子，家人几乎是孩子全部的生活圈。此时的孩子，对家人带给他的安全感与舒适感有着强烈的依赖。儿童的社会化发展首先是从家庭开始的，在家庭中通过父母的影响及指导，孩子获得了最初的生活经验、社会知识、行为规范。但随着个体的成长，孩子的生活空间开始扩展。

3 岁之后的孩子开始表现出对周围环境中"他人"的兴趣与关注，幼儿期的孩子开始踏入同伴行列，大多数孩子喜欢与同伴一起玩，迫切要求寻找小朋友，并加入到其中去。美国心理学家研究发现，4～5 岁的孩子每天在游戏中平均拥有 3 个同伴。

从与同伴的交流中，孩子能获得他人对自己的评价信息，从而调适其自我评价。与同伴的游戏也有助于培养孩子的自制力和自觉纪律，这些活动，都使孩子的社会化程度大大提高。怎样让孩子更好地与同伴交流呢？家长应该教会孩子一些社交技能。

在幼儿园、广场上，经常遇到类似场景：凯里高兴地走向吉米，朝她的小脑袋上拍了一下，结果吉米转头哇哇大哭，而一脸笑意的凯里也变得惊恐，不知所措。

很多孩子不懂得如何用语言、表情或体态去交朋友，如果家长不及时教一些交往技能，时间长了，类似凯里这种暴力的交往方式，会让其他小朋友不喜欢甚至孤立他。家长应该培养孩子哪些交往技能呢？

1. 掌握基本的社交语言能力（包括语言、表情、动作等）

（1）培养孩子学会使用礼貌用语，比如"你好""谢谢"等。

（2）教孩子友善地和他人交往。比如，主动微笑着和别人打招呼，说话时注视对方的眼睛，交谈时语调柔和。

（3）学会用商量的语气。比如，希望和小朋友交换玩具时，要询问"可不可以"。

（4）无意中伤害对方，要说"对不起"。

（5）仪表打扮得体、干净。仪表整洁的孩子易赢得他人的喜欢，这会增强孩子的自信，增进交往兴趣。

2. 让孩子学几种比较特殊的本领

对孩子们经常玩的游戏，有心的家长可以指导孩子怎样玩得更好，让他优于其他小朋友。这样，在游戏中，他就会成为孩子们的焦点，身边会聚一些人气，不仅能增强自信，交往能力也会有所提升。

3. 教孩子学会分享

家长要从小教孩子学会分享，比如，每周抽出几个时间段，让孩子带上玩具和其他小朋友交换或一起游戏，让孩子体验到分享的快乐，同时，分享也是一种社会交往的过程。

4. 害羞的孩子先从和熟人打交道学起

千万不要轻视孩子的害羞现象，尤其对于性格内向的孩子，这可能成为他们交朋友的障碍。父母应该循序渐进地带孩子去社交场所，这样能够帮助孩子解决胆怯心理。

（1）面对陌生面孔，害羞的孩子很容易产生恐惧心理，家长可以让他先和熟悉的人接触，等他具备了一定的交往技能，才会有信心接触更多的人。

（2）孩子能处理的事情让孩子做主。有些父母常替孩子回答问题，孩子就更不愿意主动加入社交了。特别是孩子有能力处理的问题，家长不要轻易替孩子做主。比如，两个小孩发生争执了，要留一定空间让他去处理，如果家长出面指责对方、保护自己的孩子，那么孩子以后再面对此类问题，仍处在弱者的地位。

（3）当家长带孩子接触外界时，有时孩子不会按你的意愿做，比如看见叔叔阿姨不主动打招呼等，这时父母如果强行纠正，只会让他更加恐惧交往。只有了解孩子的内心感受，才能更好地帮他克服恐惧。

（5）一旦发现孩子在交往中用了一个不错的方法，要及时予以积极的评价，从而不断巩固强化孩子的交往能力；而看到孩子交往中的不足时，要引导他学会如何更好地处理这个问题。

总之，让孩子通过交朋友可以学到许多新的行为方式，并且养成一套自己的行为习惯，这将使他们成年后能更好地适应多变的社会环境。

教子箴言

世间最美好的东西，莫过于有几个头脑和心地都很正直、严正的朋友。

——爱因斯坦

让孩子学会分享与合作

如果一个人不懂得与别人合作，并分享一同的快乐与伤悲，那么，他将难以融入社会，生活将会越过越孤独，路子越走越窄。所以，家长在关心孩子的吃、穿、学习之余，更要跟上时代的步伐，从家庭日常小事中让孩子学会与人分享与合作。

现在的孩子多是独生子女，生活在优越的物质条件下，受到长辈们无微不至的呵护，好东西一个人吃，玩具一个人玩，没有与兄弟姐妹及其他小朋友一起生活的经验，很少体验到分享行为带来的愉悦和成功感。但是做家长的要充分认识到分享与合作的重要性，有意识地去培养孩子的分享意识与合作能力！下面的做法可供家长参考。

1. 不要娇惯和溺爱孩子

家长应该清醒地认识到：严是爱，惯是害，不管不教要变坏。不要过分地溺爱孩子，无限制、无条件地满足孩子的任何需求，给予他特殊的地位。应该适当地让孩子明白他所得的不是理所应当的，而是大家因为爱他而给予他的。在日常生活中，要让孩子学会感恩和感谢，学会把自己喜欢的东西拿出来跟家人共享。当孩子学会了在他人给予他东西时表示感谢，那么独占心理和行为就不会在孩子身上滋长。

2. 为孩子树立合作的榜样

孩子是反映父母形象的一面镜子，父母以各自的特点、风格及教育方式影响着子女，孩子从父母的言行中模仿学习，从而形成了不同的行为模式，形成不同的个性。要教育孩子学会合作与分享，父母自己首先应懂得分享与合作并做好榜样示范作用，让孩子在日常生活的潜移默化中学会分享与合作。

家长们要以身作则为孩子做好的榜样。比如说拿了好吃的东西先分给家中其他的成员；有什么快乐的事情说出来和家人一起分享；在外面碰见邻居拎着太多东西时，主动上前帮忙；在空闲的时候多约几位要好的朋友到自己家里促膝谈心；等等。

3. 让孩子在游戏中学会分享与合作

家长要多带孩子出去玩，或者邀请别的孩子来家里玩，为孩子创造与其他小朋友相处的机会。对于那些"独行侠"们，家长先不要强迫他们独自去跟别的小朋友玩。家长可以先想一个有趣的游戏，领着小朋友们一起玩。在快乐情绪的影响下，"独行侠"们会慢慢喜欢集体游戏，乐于分享与合作。对于那些"小霸王"们，家长也不要因为害怕他们惹祸，就不让他们跟别的小朋友玩。家长可以引导孩子多参加一些过家家、老鹰抓小鸡等集体性强的游戏，告诉孩子，霸道、自私会让游戏进行不下去，只有分享与合作才能让游戏顺利开展，才能获得快乐。

4. 教给孩子分享和合作的方法

事实上，有很多孩子不是不喜欢与别人分享与合作，只是他们不知道该如何与别人分享与合作，家长们可以通过堆积木、过家家等一些具体的游戏，让孩子学会合作的方法和策略。比如说，合作之前要先商量各自的分工，遇到问题要一起想办法解决，要认真倾听别人的意见，当别人犯了错误时，要鼓励、不要指责，等等。

5. 当孩子有分享和合作的行为时，要及时给予鼓励

我国教育家陈鹤琴先生说过："随便什么事，你要小孩怎么做，做什么样的人，学什么样的事，求什么样的知识，研究什么样的问题，你要有一个法宝。什么法宝呢，那就是鼓励！"陈鹤琴先生还说："积极的诱导胜于消极的命令。"家长们要善用鼓励的法宝去引导孩子学会分享与合作。

未来社会更倾向于有团队精神的人，懂得与人合作的孩子将来一定能收获更大的成功。希望我们每一个孩子都成为懂得分享、善于合作的人。

教子箴言

单丝不成线，独木不成林。

——俗语

孩子冲突，家长介入要缓行

孩子之间发生争吵、打架是经常性的事情。打架自然不是什么好事情，但在孩子间的交往、游戏中几乎又是难以避免的，无论做父母的再三告诫也好，训斥也好，效果并不明显。因为孩子毕竟是孩子，他们缺乏与他人相处的经验，思维简单，感情直露，自我抑制能力有限，一发生冲突便互相施以小拳脚。

在小朋友之间发生争执时，其中多数是不用担心的，但是这些争执可能伤害孩子和他们的父母的感情。当孩子们发生冲突时，家长常常感到为难：即便错在别的孩子，如果去批评他，也显得自己"护犊子"；如果不分青红皂白，总批评自己的孩子，又会使他感到委屈。一旦遇到这种情况，家长可以借鉴以下几种方法。

1. 不要把自己的意愿强加给孩子

对于孩子来说，他们在一起彼此之间发生冲突是随时都可能发生的事情。打人、推人对他们来说不仅仅是维护自身利益的一种条件反射，更是他们游戏的一部分。经常看到小伙伴之间刚刚还打得哭哭啼啼，一转眼就前嫌尽释，玩在一起了。这是因为孩子有自己与朋友相处的游戏规则，也许是成人无法理解的，但是成人还是应该尊重他们的游戏规则，让他们在游戏中用自己的方式与对方"谈判"和解，达成他们自己的目的。

即使是自己的孩子在冲突中明显地"吃亏"了，那也是很正常的事情。孩子吃了亏，会很快地调整自己的情绪，以另外一种心情继续投入游戏。这种经历也会让他明白自己周围的环境并非那么纯洁，这也是培养他社会适应能力的一个好机会。此外，当出现其他孩子抢夺玩具时，父母不要以成人的礼貌强迫他放弃自己心爱的玩具，那样会让孩子迷惑不解，甚至非常伤心，让孩子有机会保卫自己的权利，这也是社会交往的一个基本原则。

在孩子与他人产生冲突的问题上，家长应遵循一点：给孩子们解决自己的问题的机会和空间，避免武断地介入孩子们的冲突。有些孩子自己挑起了和哥哥姐姐或朋友之间的争斗，结果却受伤了，接着又扮演了一个无辜者的形象向父母告状，这时家长应警惕不要被这样的孩子所蒙骗。因此，家长要运用自己的判断力，准确地判断何时应远离孩子的纠纷，何时又该介入孩子的纠纷。假如孩子们在解决他们之间的冲突时确实很费劲，家长提供一种选择或给他们提出一些建议，就可能有助于冲突的公平解决。

2. 帮助孩子开动脑筋，讨论解决问题

孩子可能是在没有别的解决办法的情况下争执起来的，父母对他们做些体贴入微的提醒是会有所帮助的。

卡伦、希雷达和罗德在后院的体育场上玩捉人游戏，卡伦的父亲在家里听见她们在嚷："骗子！"

"我说过时间到了！"

"这是骗人的！"

"哦，没错，你是个骗子！"

卡伦的父亲到了后院，卡伦瞪了布雷达一眼，告诉父亲："她认为她能按自己的意愿制定所有的游戏规则！"

"你们在开始玩游戏之前没有就游戏规则达成一致意见吗？"卡伦的父亲问道。

"没有。"卡伦回答。

"那么，这也许就是你们产生矛盾的原因。先花几分钟制定一些大家都同意的公平的游戏规则吧。你们认为如何？"

就这样，孩子之间的冲突化解了。

有时，家长可以运用公平的方法迅速地解决发生在孩子们中间的许多冲突。5 岁的布雷想和他 10 岁的哥哥约翰在开饭前一起玩半小时，但约翰想要一点属于自己的"私人时间"，于是他们之间发生了争论。父亲从中做了简短的调解后，他们达成了这样的公平协议：一起玩 15 分钟，剩下 15 分钟作为私人时间。

欧文和安迪都是 7 岁的孩子，两个人是好朋友，但他们经常就两人在一起玩什么游戏不能达成一致意见，往往闹得不欢而散，而下一次聚在一起又觉得"浪费时间"。欧文的母亲建议他们先坐下来，分别列出他们在一起想做的事，然后从中找到一些双方都认为"公平的方案"。他们照此做了，此后他们碰面时都玩得很愉快。

3. 当孩子同朋友有发生争执的倾向时，就加以帮助、予以制止，一旦冲突已经发生，则应设法将坏事转化为好事

孩子间的冲突，从另一种意义上看又是特别的人生教育。在冲突中，孩子必然直接感受到自己与别人的差异，认识自己，也认识别人。孩子间的冲突，一般而言对身体不会有大的伤害，重要的是孩子可以在经受对抗、较量与失望后，学会如何坚持自己的立场，拒绝别人的压力。但家长切不可鼓励孩子加剧冲突，而应及时地引导孩子与朋友友好相处，教导他首先检讨一下自己，有责任就要承担；孩子有委屈，想报复，若不是原则的问题，可教导孩子学会原谅宽容别人，培养豁达开朗的胸怀。

对于一般的冲突，家长们不要做审判官，更不要做自己孩子的保护神，居中适当调停就是最好的选择。过多的干预会干扰、打击孩子间的交往，甚至会使孩子失去朋友。除非你的孩子总是处在被欺侮或欺侮人的地位上，你才能必须给予特别的帮助。

为了成功地生活，少年人必须学习自立，铲除埋伏各处的障碍，在家庭要教养他，使他具有为人所认可的独立人格。

——戴尔·卡耐基

打造孩子的幽默感

幽默感是情商的重要组成部分，也是交际中有益的润滑剂。具有幽默感的孩子大多开朗活泼，因而往往更讨别人的喜欢，人际关系也要比不具幽默感的孩子好得多。

美国许多父母在孩子刚刚出世才 6 周时便开始了他们独特的"早期幽默感训练"。一个典型的例子是：当父母故意抱着孩子做下坠动作时，一些孩子在体味下落感的同时，还会无师自通地意识到是大人在跟自己闹着玩，小脸可能会漾起笑容。

1 周岁左右的孩子已对他人的脸部表情十分敏感。在他学步摔倒时，不妨冲她做个鬼脸以表示安抚——此时他往往会被你扮的鬼脸引得破涕为笑。

2 周岁时的幼儿已能从身体或物品的不和谐中发现幽默。

3 岁幼儿的智力已发展到能认识不和谐中潜藏的幽默感。当妈妈故意戴上爸爸粗大的男式手表时，孩子见了即会一边摇头一边大笑不止。你还可以默许孩子装模作样戴上爷爷的大礼帽，手持拐杖，行步蹒跚，他会边模仿边大笑。

4 岁左右的幼儿特别喜欢"做家家"，或扮卡通人物。当你发现你的儿子与邻家小女孩正在快活地扮演王子和公主角色，并演得十分投入时，你不仅不要阻拦，而且自己还可以客串进来扮演个坏蛋之类的小角色。

待孩子长到 5 岁至 6 岁时，便可能开始对语言中的幽默成分十分敏感。如，同音异义词和双关语的巧用，绕口令的学习，都能使他们感到趣味盎然。与此同时，你也应鼓励孩子学习猜谜，甚至由孩子自己编一些简单的文字谜语。

7 岁的孩子大多已上学，他们往往喜欢讲笑话、听笑话。如果此时大人们能做出引导,让孩子们知道什么是粗俗、什么是幽默,那当然更是明智之举。

8 岁以后的孩子已初具幽默感。父母应注意倾听孩子回家后讲述的有关学校生活的小笑话,并发出会心的欢笑。这也是一种父母对孩子的幽默感做出肯定的表示。

幽默的孩子往往比较快活、聪明,能够轻松地完成学业,甚至拥有一个乐天、愉悦的人生。那么该如何培养孩子的幽默感呢?以下提供一些方法,可供父母参考:

1. 用语言营造轻松气氛

当孩子哭闹时,父母若懂得在一旁营造气氛,抱抱他、拍一拍他、安抚他,"怎么了,妈妈的小宝贝,为什么哭得跟小花猫一样?有什么事妈妈可以帮你的忙吗?"温柔、幽默的表达方式,有助于孩子忘记哭泣,破涕为笑。

充满幽默感的语言和事物能让孩子的眼睛亮起来,无形中也刺激了孩子的思维和语言能力。当你对孩子说:"再不收拾玩具,以后就不给你买玩具了。"其实不妨加一点"幽默调味料",如"玩具们玩了一天都累了,要回家休息了,不然他们要哭了。"让自己和孩子在快乐的气氛中轻松一下。

2. 在生活中来点幽默

有一个家长,是个十分风趣的人,秋收的一天,他带着疲惫的身躯从田里回到家,想舀水洗洗脸,可水缸已干得底朝天了。这位家长没有对正放暑假在家的孩子发火,而是拿着水勺对孩子说:"小伙子,你到隔壁大妈家借几勺水先用用吧!"天哪!人们一般只听说有缺钱断粮向别人家借贷的,却从未听说向人家"借水"的。小家伙知道父亲是在批评他,便二话没说,红着脸,急急忙忙去挑满了一缸水。你看,这幽默的作用有多大。若是这位家长劈头盖脸来一顿臭骂,这水,孩子未必肯去挑,他的劳动观念更得不到提高。

有些家长教育孩子,往往只知道板着面孔说教,这固然能解决一些问题,但如果不时来点幽默效果肯定会更好些。这样不仅能使孩子免去在大人面前的拘谨,又能使其在轻松的一笑中受到刻骨铭心的启迪。

苏联著名诗人米哈依尔·斯维特洛夫就是以幽默的方法教育孩子的高手。有一次,诗人回到家,见一家人慌作一团,诗人母亲正在打电话给医院请急救。原来是诗人的小儿子舒拉为出风头,别出心裁地喝了半瓶墨水。诗人明白，墨水不至于使人中毒，用不着惊慌，这正是教育舒拉的好时机。于是，他轻松地问："你真的喝了墨水?"舒拉得意地坐在那里，伸出带墨水的舌头，做了个怪相。诗人一点不恼，从屋里拿出一沓吸墨水的纸来，对小儿子说："现在没办法了，你只有把这些吸墨纸使劲嚼碎吞下去了!"一场虚惊就这样被诗人一句幽默冲淡了，并在家人的嬉笑中结束。舒拉原想以此成为家人的中心，但未能如愿，此后他再没有犯过类似出风头的错误了。

 **教子箴言**

不懂得开玩笑的人，是没有希望的人。

——契诃夫

第三章

孩子，你得自己走

在上学路上，我们常见到这样一些情景：孩子上学，家长帮背书包；孩子的鞋带松了，家长帮系好……这些做法，无疑是父母在不知不觉中剥夺了孩子独立成长的机会，更糟糕的是，这种"包办代替"还有可能使孩子产生自己无能、愚蠢的观念，导致孩子自信心不足，这对孩子更是一种无形的伤害。

做个"懒家长"

如果满分是 100 分，那么中国的家长肯定会朝着满分努力，甚至还希望创造 101 分的纪录。可家长 100 分的付出，在孩子身上能收到 100 分的效果吗？

一个获满分的家长，绝对不是一个成功的家长，他们的"爱"就像一把双刃剑，疼了孩子也害了孩子。

1. 自己的尽心尽力是个错误

下面是一位母亲的自述：

自从孩子出世后，我便和中国绝大多数母亲一样，开始了新的"工作"：阅读各种各样的育儿书籍，在某些地方用红笔画上记号；每天严格按照育儿食谱，为他精心准备既科学又美味的食物；准时收看天气预报，添加或减少他的衣服；稍大一点的时候，每晚给他讲一个又一个故事，直到他安然入眠；再大一点的时候，负责接送他去幼儿园……

一次带孩子去吃麦当劳，他大口大口地吃着，我眼睁睁看着，希望他能主动"奖赏"一块鸡腿给他辛劳的妈妈，可他吃得旁若无人、心安理得，眼里、嘴里只有可口的汉堡、鸡腿。再看看周围，一家一家的，吃的都是孩子，看的都是家长，那些家长心平气和、毫无怨言，我还能有什么意见呢？丈夫说得对，在中国，家长出门办事都舍不得坐出租车，可只要带孩子出门，哪怕再近都会打的。

看看周围的家长，他们给孩子盛饭、喂饭，全然没想到养成了小家伙懒得动手甚至懒得咀嚼的习惯；因为家长过于细心，孩子也因此稍不如意就撒起嘴来哭；因为事事替孩子考虑好了，他们一遇到事情就会指望家长帮忙；因为家长从小就是孩子最亲密的玩伴，他们慢慢变得自私、胆小、霸道，也不合群……

难道这就是100分父母教育出来的儿童吗？

直到有一天，我注意上了小区里一个从澳大利亚回来的小男孩，他和儿子同龄，总是一个人在院子里玩，玩腻了，和父母打声招呼就跑出去找小伙伴，玩饿了，跑回来大口大口地吃饭，每天晚上自己唱着歌儿睡觉，从来不要人陪。

看看自己的孩子，最多只能打40分，我开始怀疑，自己的尽心尽力难道是个错误？与其做一个100分的父母，不如做一个70分的"懒父母"！

2. 父母也需要关心

看着餐厅里理所当然、独自大吃特吃的孩子，我就会想，他知道父母的一片苦心吗？看着舒舒服服坐在出租车里的孩子，我也会想，他知道父母每天挤公交车上下班的辛苦吗？我要让我的孩子知道父母的喜怒哀乐，知道家长的辛苦和病痛，知道父母也需要关心。

我一有头疼脑热就嚷嚷，还会让儿子端茶送水、拿吃的；如果腰酸背痛，我更会通告，让儿子帮我按摩几下；即便是他什么都不做，眼巴巴地守在我身边，最起码也能让我感受到他细小的担忧和关怀，这比那些药物更有效！

我也不做默默奉献的妈妈，时常还会偷懒什么的。周末的早上，一定是睡懒觉的时候，如果儿子起得早，那对不起，早饭自理。偶尔，他要在周末参加活动，需要我早起去送，我会拍拍他的小脑袋，发点儿"牢骚"："哎呀，为了你，妈妈又少睡了一个懒觉。"儿子呢，也会搂着我懂事地回答："那我把最好吃的糖果分几颗给你，谢谢老妈。"没有哪一位父母在乎孩子的回报，但是要让孩子明白，不能把父母的付出看成理所当然。

今年过生日，儿子悄悄告诉我要送给我一份大礼。大礼呈上来的时候，我的眼睛湿润了，原来他用自己的零花钱，让爸爸带他去商场，给我挑选了一支高级护手霜！那支护手霜，我每次只使用一点点，每用一次，心里就暖融融的……

3. 让孩子自己找玩伴

小区里有很多小朋友，我向儿子描述外面美好的景象，譬如绿绿的草地、欢快的小朋友、各种各样的游戏……这些都能勾起他的兴趣和打消他对陌生孩子的警惕。当儿子和其他孩子见面后，我通常会坐在一边，不会陪着他玩，我告诉他："妈妈很累，想休息了，你自己玩吧。"他只能自己找小朋友玩了，很快就融入其间。

如果跟小朋友有了什么矛盾，我也不管，让他自己去解决，不然游戏就不能进行了，小小的人儿慢慢也学会想办法了，比如跟小朋友谈条件，你把布娃娃贡献出来，那我就把小沙包拿出来，两个小朋友皆大欢喜——无形之中，原本自私的孩子学会了分享。

4. 妈妈不是全职保姆

一个70分的家长，一定是个"懒"家长。实际上，"懒"妈妈比"勤"妈妈更加费心劳神，更加辛苦受累。让孩子自己做事，在许多情况下，不但不能省力，反而更加麻烦，因为孩子往往会"帮倒忙"。在实施懒妈妈计划前，要事先计划好。譬如，要让孩子跟大人分床，夜里就要多起来给他盖被子；孩子自己吃饭，开始会撒得到处都是，就得多洗衣、擦桌、拖地板；孩子自己洗澡肯定会搞得"水漫金山"，我就得"大禹治水"……

先从吃饭上改造儿子。只是简单地通知他吃饭，然后自顾自地扒起自己的饭菜。他见我们没有像过去那样帮他盛好饭，闹起了"罢食"。我对他说："你已经4岁了，应该自己盛饭、吃饭。来，妈妈给你盛饭，你看妈妈是怎么做的，下次自己做。"在我的示范下，儿子学会了盛饭，没多久，我们再也不用为他的就餐问题烦心了——吃饭是自己的事，爸爸妈妈不会管他。

  周末的早晨，我不想早早起床，对儿子说，妈妈想睡一会儿，你自己到冰箱里拿酸奶和面包吃吧。他不但吃完了，还拿了一份给我。看来，不一定是你对孩子付出越多，孩子就回报越多，有时候懒一点，孩子反而成长更快！

教子箴言

  凡为教，目的在于达到不需要教。

——叶圣陶

开发自我管理能力

自理能力是孩子从依赖到独立过程的前提和基础，是孩子从依赖成人的帮助，到学会照顾自己的食、衣、住、行的历程，这些对孩子来说，是踏出家庭保护网的第一步，绝不能马虎。

以前专家呼吁"过度娇生惯养让孩子缺乏自理能力"，如今问题更严重，孩子们被剥夺的已经是一些正常人必须有的能力。热心的家长们不妨来看看，在爱的名义下，我们不知不觉已经剥夺了孩子多少的能力？当孩子逐渐成长之际，就得把握时机启蒙孩子的生活自理能力，让他逐渐拥有"独立自己"的能力。

孩子生活自理能力的形成，有助于培养孩子的责任感，自信心，以及自己处理问题的能力，对孩子今后的生活也产生深远的意义，但现在大部分的孩子依赖性强，生活自理能力差，以致不能很好地适应新环境，所以培养孩子的生活自理能力至关重要。

有报道称：98%的家长担忧孩子自理能力差，这几乎成了家长的心病。但是这心病是如何患上的呢？说来也许有讽刺意味：现在，担心着这"心病"的父母，绝大多数都是"心病"的制造者。为什么这样说呢？回想一下，也许孩子要帮着你收拾饭碗，但是怕孩子把碗摔了，你急忙抢了过来。碗，也许保住了，但却伤了孩子的自尊心。也许孩子非要自己穿鞋穿衣，你嫌他动作慢、穿不好，耽误了出门时间，亲自上阵，飞速给他穿戴齐整。类似场景，是不是许多家长都经历过？

孩子天生好动，对什么事情都感到新鲜，都想动手，因此若要说某个孩子从小就懒，是不符合实际的。孩子的懒，多半是家长持续"教育"的结果。家长从孩子小时候就一而再、再而三地剥夺了他们自理、自立的权利，而现在却一再抱怨孩子们懒、自理能力差，这对孩子极不公平。无异于一个教练从来不训练队员，而在比赛时却要球队一定赢球，这可能吗？要把孩子当成独立的个人来教育，而不是一个只会衣来伸手、饭来张口的书呆子。读书学习固然重要，但孩子长大成人进入社会，任何书本知识也不能代替自理、自立能力和劳动美德。那么怎样训练孩子的生活自理能力，从小养成良好的劳动习惯和独立能力呢？

1. 增强孩子的生活自理意识

家长无条件的包办代替，使孩子形成一种错误认识：自己不愿意干的事情，父母会帮着干（要喝水了，父母会端水来；要起床了，父母会给穿衣服……），因此，父母必须通过各种形式，让孩子知道，自己已经长大了，要不怕苦，不怕累，"自己的事情自己做"。可以对孩子进行正面教育，增强孩子的生活自理意识。如通过谈话"我是乖宝宝""我长大了""我学会了"等活动，利用提问、讨论、行为练习等形式，让孩子意识到自己有能力干好一些事情，为自己会干力所能及的事情感到高兴。

再如在语言活动（诗歌、故事、看图讲述等）中，帮助孩子充分理解作品内涵，通过作品中角色的行为，使孩子受到感染、教育。也可以通过分辨不同行为（能自理的与不能自理的），巩固孩子的生活自理意识，为孩子准备不同行为表现的各种图片等，让孩子在比较中提高对自理行为的认识。还可以举例用其他的小朋友作比较，来激发孩子上进的意识。

2. 生活中训练儿童自理能力的原则

（1）先训练进食、衣着，再训练睡眠、卫生，最后是个人生活及安全教育。随着年龄的增长，要不断增加危险项目的训练，如让孩子自己过马路、用刀子、使用煤气等。

（2）父母的态度应该是不管孩子在做事时看上去多危险，多么使人不放心，或孩子在做时显得多么笨拙，多么可怜，都要沉住气，让他自己去做。父母可在一旁指导。

（3）让孩子做他力所能及的事，不超越他们身体及心理发育水平。

（4）孩子有一点成绩，要鼓励、表扬，出点问题也不要指责。

（5）一旦孩子有了一定的生活自理能力，大人不要包办代替。此目的是培养孩子成为自立、自信、热爱生命的人。

3. 让孩子学会具体的生活自理的方法

根据孩子的年龄特点，把一些生活自理技巧编成儿歌、歌曲以及设计成饶有趣味的情节等，让孩子在游戏、娱乐中学习本领。例如《穿衣歌》：抓领子，盖房子，小老鼠，出洞子，吱溜吱溜上房子。《叠衣歌》：关关门，关关门，抱抱臂，抱抱臂，弯弯腰，弯弯腰，我的衣服叠好了。《脱衣歌》：缩缩头，拉出你的乌龟壳，缩缩手，拉出你的小袖口。

通过这些朗朗上口的儿歌，孩子会有兴趣地边说儿歌边穿脱，逐步学会了穿脱衣服。如：在教孩子如何刷牙以防长蛀牙虫时，就教给他们一首正确刷牙的儿歌，时时提醒孩子每天早晚刷牙；在让孩子们注意洗手的正确方法和节约用水的时候，可以通过已有儿歌进行改变并自己配上曲调，就变成了一首脍炙人口的歌曲，孩子们会比较喜欢！

4. 分步骤培养

每个孩子的领悟力不尽相同，如果发现教了几次后，孩子仍无法独立完成，则可想：对孩子来说，是不是太早了？该不该将时间往后延等。或是处理了2~3次孩子还是只能部分完成，无法顺利到达终点，您可考虑将该事项的步骤拉长，再更细致地教孩子。

（1）先将每项技能的步骤简单分解成4~5个阶段，再来分析、衡量孩子可以完成哪些？如果孩子不能完成，可再将步骤细分，并由你再细致示范，或陪着孩子一起做，指导孩子完成，如此直至孩子可不接受指导独立完成为止。

（2）每个孩子是不同的个体，发展的快慢不尽相同，父母不需拿孩子与其他孩子比较，而觉得孩子笨，有时可能是你的示范不清楚，而使孩子搞不清楚，缓慢且清晰的示范是有绝对必要的。当然步骤该如何分？分几步？都可视父母的需求，以你认为好教的步骤为基准，不过，最好是在示范前就先演练一遍，看流程是否流畅？从孩子的角度看，这样可以理解吗？不要想到哪儿是哪儿，步骤一改再改，让孩子无所适从。

教子箴言

在没有明智的家庭教育的地方，父母对孩子的爱只能使孩子变成畸形发展。这种变态的爱有许多种，其中主要的有1. 娇纵的爱；2. 专横的爱；3. 赎买式的爱。

——苏霍姆林斯基

放手，孩子才会独立

孩子的依赖心理在很大程度上源于过度亲昵的家庭教育。作为父母不可能永远都陪在孩子身边，许多父母在谈到对孩子放手时，总会想到："孩子还小，不忍心让孩子吃苦。"所以，能不放手，绝不会放手。但是，家长必须要清楚一点，对孩子放手并不等于让孩子吃苦。聪明的家长往往能够培养出自理能力很强的孩子，并不是因为孩子吃了苦，而在于家长学会在恰当的时候放手，还给孩子一片自由的天空。

1. 给孩子一个空间，让他自己往前走

有两位父母，为了给孩子提供一个有特殊教育意义的空间，想出了一个叫作"小留学"的好主意，这个办法，既简单，又有效，孩子也非常欢迎。所谓"小留学"，就是两家的孩子，都到对方的家中去住一两个月，上学仍在原来的学校。别看这么一个空间的变化，对孩子的教育效果却十分突出。现在回忆起来至少有这样四个方面的好处：

（1）孩子得到了锻炼。孩子初次离家，虽然不是一个人生活，但毕竟周围都是外人，环境不熟悉，因此也可算作独立生活的初步锻炼。

（2）培养了自理能力。初到别人家，孩子比较重视对自我教育能力的培养。他们能自觉地严格要求自己，家务活抢着干，作息时间也安排得很紧，不会的事情努力学着做，这一段时间虽然不长，但进步得非常快。

（3）提高了人际交往能力。来到一个新的环境，面对着的都是陌生人，这正是提高人际交往能力的好机会。孩子们学习如何对待家中的长辈，如何对待新的邻居，如何对待来访的客人，在新的家中听到长辈的教导，结合着原有的人际交往经验，感到对人际关系有了更深的理解。

（4）孩子还能加深对社会的认识。不同的家庭，有不同的文化背景，每个成员有不同的性格、观念和生活习惯。孩子能够从中分析两个家庭的种种不同，从而加深对社会的认识。

2. 给孩子创造一个条件，让他自己去锻炼

培养孩子用拔苗助长这种违反客观规律的做法，肯定是要失败的，但是消极地完全"顺其自然"的态度，也不利于孩子的成长。遵照客观规律，积极创造条件，让孩子去锻炼，这才是我们应该采取的正确做法。

锻炼可分为体力锻炼、脑力锻炼和综合锻炼。要达到锻炼的目的，一般不能完全靠现成的条件，需要自己去创造。作为父母可以辅助性地给孩子一个条件，如启动资金等。在某市有两位外国十四五岁的中学生，每逢星期天都会到街上卖饮料。并不是他们家境不好，而是父母有意培养孩子的独立性。起初，父母只给这两位孩子少得可怜的十块钱做本钱，接下来采购、设点、打标语、叫卖完全由孩子来完成。结果，他们的生意做得还不错，一个星期就赚了几十元。许多中国家长虽然不是极力反对这种做法，但是，他们普遍表达了这样一种思想："让孩子到外面不放心，最好要有家长陪着。"

试想，家长不能为孩子创造去锻炼的机会，孩子的独立性又从何谈起呢？

3. 给孩子提出问题，让他自己去回答

每一个孩子都会无休止地提出一个又一个问题，但是问题的答案让孩子如何去得到呢？经验告诉我们：孩子爱不爱提问题，是关系到孩子成才的一个重要因素，而孩子如何去得到答案，则是关系孩子成才的更重要的因素。

再以上面的故事为例，如果家长不告诉孩子钱是怎么来的，反而向孩子提出这个问题，一般情况下，孩子会怎么回答？相信大多数没有实践经验，或是想当然的孩子会说："钱是挣来的。"的确，但是对于那两位外国学生来说，也许他们更能准确地找到答案，至少他们会认为："赚钱是需要付出辛劳的。"

这种细微的认识差别，决定着孩子的认识力、行动，甚至是影响他们成才的关键因素。

4. 给孩子一点困难，让他自己去解决

"穷人的孩子早当家"，生活在穷困潦倒的家庭中的孩子，那种恶劣的生存环境，自然就为他准备了艰苦锻炼的条件。但是，现在生活水平提高了，难道孩子就只能当"纨绔子弟"？毕竟人们都在追求幸福与财富，那样做也没有必要。但是有一点需要指出的是，一定要为孩子设置一些难题。事实证明，在这种家教氛围长大的孩子，更容易形成独立的人格，以及较强的社会适应力。

从孩子的角度来说，适当给孩子一些困难，不是在折磨孩子，而是在为他将来的幸福储蓄。所以，有经验的父母多是想办法给孩子设置一些困难，而且不限于生活方面的困难，让孩子去解决。但是，设置困难，最好要有针对性。有的孩子，住在高楼大厦里，上下有电梯，出门有汽车，生活中似乎没有什么突出的困难需要他们去解决。针对这种情况，父母可以布置两个特殊的作业：一是每天上下 12 楼，不再乘电梯，而是坚持步行；二是每天上学和放学，不再乘汽车，而是坚持徒步走 5 站路。

5. 给孩子一次机会，让他学会去选择

孩子的自主性往往表现在他的选择上，但由于父母怕孩子自己选择错了，总是不敢把选择的权利交给孩子，可是如果从来都不给孩子选择的权利，他也就永远学不会选择，永远没有自主性。

有的父母就把有些选择的权利交给孩子，但是要在事前为他提供有关情况，帮他分析各种可能，并且要教育他自己选择了，自己就要负责任。他们认为在这种情况下，即使选择错了，也是一次学习机会，是很值得的。选择和责任总是联系在一起的，如果孩子的事情，件件都让父母去做主、决定之后，孩子不会想到自己对这个决定有责任，因为不是自己选择的嘛。如果把权利交给了孩子，他的选择反而会比较慎重，因为他知道，一旦选择了，就要由自己负责，是好是坏，后果都要自己承担。

所以，放手孩子不是撒手不管，而是有针对性地锻炼孩子某些方面的意志，或是独立解决问题的办法。这有利于孩子正确地认识生活、体验生活，不论对于培养孩子的独立意识，还是增强自理能力，都是非常重要的教育方式。

你要教你的孩子走路，但是，应由孩子自己去学走路。

——爱默生

让孩子从小参与做家务

培养孩子从小做家务的习惯是提高孩子动手能力的有效途径之一，现在的孩子多数缺乏家务劳动概念，这是当今社会中普遍存在的问题。每个家长都"望子成龙，望女成凤"，对孩子寄予极大的期望，为孩子的成长、成才付出了很大的心血，却忽视了孩子的劳动教育，致使孩子"四体不勤"，缺乏自理能力，并在幼小的心灵里种下了不劳而获的不良思想。

在儿童教育中，劳动教育是必不可少的，因为劳动观念的培养、劳动技能的掌握，是孩子成才的必要条件。通过劳动，孩子能更好地促进身体发育，发展智力，掌握劳动技能，总结生活经验，提高自理能力，促进美好家庭关系。教孩子做家务和智力开发、品德教育一样，必须从小进行培养。

1. 重视对孩子的劳动教育

"中国孩子和外国孩子最大的不同在哪里？"也许提到这个问题，许多的人都会异口同声地回答："独立性、劳动态度……"在教育界，一直有着"中国孩子抱大，美国孩子爬大"，"外国孩子比中国孩子动手能力强"等说法。

据一些抽样调查表明：70％以上的父母看重的是孩子的学习，而关心孩子劳动的父母仅占不到20％。许多的家长都望子成龙，认为只要学习好了，将来就能出人头地，别的什么活儿也不用孩子来干。他们给孩子报各种各样的补习班，而且碰到老师开口问的是："我的孩子学习怎么样？""排在第几名？"很少有人过问孩子的自理能力、劳动态度……

其实，劳动技术的教育与科学教育同样重要。因为科学教育培养的是认识能力，而劳动技术教育培养的是创造性实践能力。后者显然要以前者为基础，但却是前者的综合与创造性运用，而后者要比前者复杂得多。实践表明，劳动技术教育可以让孩子学会生存、学会生活、学会劳动和创造，同时劳动对于健康人格也有非常重要的作用：孩子劳动的时间越长，其独立性越强，也有利于形成勤劳节俭的品德。这对于孩子将来成为一个全面发展的有用人才是非常有帮助的，在国外的家庭教育中，父母就很注意这一点。

　　也许很多人想不到，日本儿童最热门的游戏场所是"厨房"；书店最热销的书籍是"儿童料理食谱"；百货公司家电部门当红的是"儿童专用厨具"；电视台正叫座的节目是"儿童烹饪"。"厨房育儿"俨然成为日本儿童最时髦的休闲活动。

　　那么，日本为什么兴起教孩子干家务的风气呢？这股风气的兴起来自社会各界的推波助澜，包括幼教界、媒体、社会学家、烹饪学校及儿童产品厂商，他们都在大力鼓吹做家务对小朋友和家庭的好处。它不仅让孩子们明白了劳动的重要性，而且还享受到劳动带来的乐趣。到了周末，中国的年轻家长们不妨学学日本人的做法，让我们的孩子也"攻占"一下厨房。

　　在德国，人们早已注意到劳动对孩子的重要性，他们甚至把孩子的劳动义务明明白白写进了法律：孩子必须帮助父母做家务。6～10岁的孩子要帮助父母洗餐具，收拾房间，到商店买东西；10～14岁的孩子要在花园里劳动，洗餐具，给全家人擦皮鞋；14～16岁的孩子要擦汽车和在花园里翻地；16～18岁的孩子要完成每周一次的房间大扫除。

　　其实，在世界的许多国家，让孩子做家务已经是一个比较普遍的现象。在美国，孩子每天的家务劳动时间是1.2小时，在韩国和英国分别达到每天0.7小时和0.6小时，在法国是0.5小时，回头看看中国，孩子每天家务劳动的时间却连0.2小时都不到，只有区区的11分钟！"做家务事"是每个人最低限度的生活能力，也是增进家庭生活的情趣、建立儿童人际关系的基础。日本人认为，家务事能处理得好的男人，人际关系绝对不会太差，会做家务的人更自信。能做家务事，做好家务事，是需要从小培养、学习的生活艺术。

2. 教孩子做家务要从小抓起

赵锡成出生于上海，是美籍华人，现任美国福茂集团董事长。他共有六个女儿，其中长女赵小兰现任美国劳工部部长，是华裔在美国政府职位最高者，四女儿赵小甫现任通用集团副总裁法律顾问，五女儿赵小婷在哥伦比亚大学攻读教育学博士学位，小女儿赵安吉毕业于哈佛商学院，现任福茂集团副总裁等。

赵锡成介绍，他一直很注重培养孩子的独立自主能力。尽管家庭经济条件不错，但是他并不想让孩子娇生惯养，养成不劳而获的坏习惯。从很小起，他就要求六个女儿在家里分担家务。如，每天早晨，她们要出去检查游泳池的设备，捞掉水上的脏东西；到了星期日，则要整理两英亩的院子，把杂草和蒲公英拔掉。小女儿赵安吉在未成年时，已经负责处理家里的账单，将圣诞卡的邮寄名单输入电脑，并接听晚上的电话。

有的家长把让孩子帮自己做家务，仅仅看作是帮自己的忙。因为自己有时间可以把家务做得很好，就不让孩子做。有的家长让孩子帮着做，孩子刚开始往往是帮"倒忙"，而不再让孩子干。更多父母在孩子小的时候总是舍不得让他一起参与家务，这样，孩子会养成以"家务活可以不必干"的习惯，或者用"不会干""干不好"为理由来推脱。这种好逸恶劳的习惯一旦养成，对孩子身心的健康成长都会起到消极的影响。

3. 引导孩子愉快地做家务

对年幼的孩子来说，学习做家务既是学习，也是游戏。为了让孩子感到做家务是件快乐的事，在引导孩子学习家务前，父母不仅需要认识以下一些问题，还得了解如何处理的方法，同时父母也要知道，培养孩子做家务的习惯需要时间和耐心，唯有愉快、自主自发才能达到教育的效果。

（1）各年龄段的孩子动作技巧、认知程度、体力、耐心均不相同，因此父母对孩子做家务的要求，应视孩子能力范围而定，以免孩子因挫折而产生抗拒和畏惧。

（2）要与孩子一起做家务，面对孩子越帮越忙，把现场搞得一塌糊涂、乱七八糟时，要耐住性子，教孩子改正及正确地示范。

（3）"多容忍、少责备"，在指导孩子的时候，口气要温和，不宜破口大骂，要有耐心、有步骤地、以游戏的方式和心态教导孩子学习。

（4）父母本身对做家务的态度要端正。勿让孩子从父母的言行、举止察觉出做家务是件令人讨厌的事情。此外，夫妻俩对家务的分工要妥善安排，免得孩子产生"做家务是女孩的事情"的错误观念，应让孩子有正确认识，"家"是属于每个人的，所以屋里的每一件事，大家都有义务去做。

（5）在满足宝宝好奇与学习的动机时，安全问题也是不容忽视的。不让孩子自行拿取危险物品，父母要替孩子拿。较大孩子可教其正确使用方法和动作，以确保安全。

（6）无论孩子做得如何，别忘了给予他赞许和鼓励，让孩子知道：他所做的事对全家都有很大的帮助，还是家里不可少的一份子呢！或者是让他感到他所做的每件"小事"你都注意到了，只因为他年纪小，能力、耐心都有限，自然不如大人做得纯熟，但是没有关系，熟能生巧，妈妈知道你很努力了。

教子箴言

如果儿童任意地让自己不论去做什么而不去劳动，他们就既学不会文学，也学不会音乐，也学不会体育，也学不会那保证道德达到最高峰的礼仪。

——德谟克里特

给孩子"工作"的体验

爱孩子就要培养他独自面对一切的能力，千万不要让孩子对家长产生严重的依赖心理。因此，父母们应当从小培养孩子的独立意识，不妨让孩子吃点苦、经经风雨，这样孩子才能成为一个独立的有用的人。

生活中我们常说，自己的事情要自己解决。哪怕你完成得没有别人好，那也是你自己的劳动成果。这一次也许会做得不好，但下一次就会好一点，经过这样一次次的努力，最后才能做得完美。如果总是依赖别人，那么你的一生将始终与贫穷和低声下气为伴。孩子有了自己的能力和地位后，与家人和社会的沟通才会变得更容易，才更能适应周围环境的变化。

现代家庭里的孩子大多是独生子女，是泡在"蜜罐子"里的一代，许多事情都由大人包办，衣来伸手，饭来张口，孩子在这样的环境中很容易就会失去自己的独立性，这无疑会对孩子以后参与社会竞争产生不利影响。因此，父母一定要从小就开始鼓励孩子独自去完成一些事情，以培养孩子的独立能力。孩子们应该成长为一棵独立支撑、独当一面的大树，而不是靠大树遮风挡雨、经不起风吹雨打的脆弱小草。

戴维·布瑞纳出生于美国一个中产阶级家庭。当他中学毕业时，许多同学的家长都给自己的孩子准备了一份厚重的毕业礼物，有的是新服装，有的是旱冰鞋，有的甚至是新轿车。当戴维兴奋地问父亲自己可以得到什么礼物时，父亲却慎重地递给他1美元，并语重心长地说："用它去买一张报纸，一字不漏地读一遍，然后在分类广告栏目找一份工作。自己去闯一闯吧，它现在已经属于你了！"

塑造孩子的一生：

让孩子无忧无虑地成长

"什么？这怎么可……"戴维的神情中有着明显的失望，还有对自己能力的担忧。

"儿子，你已经中学毕业了，爸爸相信你的能力，相信你能靠自己的双手赢得你该得到的。"戴维的父亲鼓励儿子。

父亲的信任与鼓励，让小戴维终于鼓起了勇气，在那个假期里他赚到了第一份工资。从那以后，他学着不再依赖父母，自己独立处理遇到的问题。也正是这份独立意识加上不断的努力，让戴维成为了美国最著名的喜剧演员之一。

成名之后，戴维对朋友感慨地说："我一直以为这是父亲跟我开的一个天大的玩笑。几年后，我去部队服役，当我坐在伞兵坑道里认真回忆我的家庭和我的生活时，才意识到父亲给了我一种什么样的礼物。我的那些朋友得到的只不过是轿车或者新衣服，但是父亲给予我的却是整个世界，这是我得到的最好的礼物。"

表面看来戴维的父母对孩子似乎有点残酷，然而这种"残酷"里却藏着父亲对儿子用心良苦的爱和深深的期望，因为他知道只有在孩子年少时培养他处理问题的自立能力、积累丰富的人生经验，才能为孩子日后的成功奠定良好的基础。

人的一生就像在攀登无数台阶的山峰，对于孩子如何面对和攀登这些人生的台阶——学习、工作和生活，有的牵着手、搀扶着上，有的抱着上……但是结果很明显，被家长牵着、搀扶着的孩子，对父母有很强的依赖性，常常把父母当成拐棍而难以自立；被家长抱着上台阶、揽在襁褓里的孩子，会成为"被抱大的一代"，未经风雨，未见世面，更难立足于社会，更别说大有作为。只有那些在父母鼓励下，独立攀登的孩子，才能最终攀上光辉的顶点。

在美国，经常可以看到一些孩子在校园里拾垃圾，把草坪和人行道上的报纸、冷饮罐收集起来，向学校换取一些报酬。他们一点儿也不觉得难为情，反而为自己能挣钱而感到自豪。有的家庭经济很富裕，但在孩子八九岁时便鼓励他们去打工、送报，挣零花钱，目的是培养孩子自力更生、勤俭节约的习惯，美国富豪洛克菲勒就是其中之一。

洛克菲勒很小的时候就开始靠给父亲做"雇工"挣零花钱，平时清晨他便到田里干农活，有时还帮着母亲挤牛奶。为此，他专门有一个用于记账的小本子，将自己的工作按每小时0.37美元记入账本，然后再与父亲结算。他做这件事做得很认真，因为他感到既神圣又趣味无穷。而洛克菲勒的第二代、第三代乃至第四代，也都严格照此方法教育孩子，而且还要定期检查他们做事的效果，否则，谁也别想得到一分钱的零花钱。

洛克菲勒家族让孩子这样做当然不是因为吝于给孩子零花钱，也不是父母有意苛求孩子，而是通过这种方式鼓励并培养孩子艰苦自立的品格和勤劳节俭的美德。那小账本上记载的不仅仅是孩子打工的流水账，更是孩子接受考验和磨炼的经历！

家长不能总是把孩子关在自家的大门之内，像老母鸡那样，时时刻刻都把孩子拢在自己的身边。那样，他们就永远学不会独立活动、独立生活和独立处理问题、解决问题。应当打开家庭"城堡"的大门，把孩子放到社会生活中去，以社会为"课堂"，以社会生活为"教材"，向社会学习，向实践学习，在社会实践中增长见识，开阔眼界，经受磨炼，增长才干，提高适应社会生活的能力。

"不经一番寒彻骨，怎得梅花扑鼻香"，真正爱孩子就要放手让孩子独立闯荡，这样孩子才能在风雨磨炼中成为有用的人才。

教子箴言

我们要活的书，不要死的书；要真的书，不要假的书；要动的书，不要静的书；要用的书，不要读的书。总起来说，我们要以生活为中心的教学做指导，不要以文字为中心的教科书。

——陶行知

81

不过多地干涉孩子的事情

儿童世界是一个相对独立的世界，孩子们有特定的价值观，对待友谊、成功、失败等都有自己的看法，对社会这个大环境已有自己的定位，并已逐渐形成自己的一套处理方式。所以，大人不宜过多干涉孩子的事情。父母无疑应给予孩子正确指导，帮助他们学习正确处理各种关系的能力，但要避免独断专行，或越俎代庖，剥夺孩子根据自己的意愿建立人际关系的机会。

每一个人都是在与家庭和社会的形形色色的关系中长大，这形形色色的关系给予孩子不同的影响，在他们的人生旅途中起着举足轻重的作用。作为父母自然希望他们在一个理想的社会环境中成长，但究竟什么样的环境才是理想的环境，却各人有各人的看法。我们所要培养的孩子应当能在现实社会环境中生存，并且能战胜环境，即使我们可以为他们提供一个按照父母设想的成长环境，也无法阻隔他们与现实生活及其生长环境的接触。

社会是现实的，我们应当允许我们的孩子有机会接触生活的各种侧面并学会如何对付它们，而不是将他们与真实隔离开来，用我们的希望来操纵现实。与社会现实相通的最关键的方面就是与各类人打交道，父母无疑应给予孩子正确指导，帮助他们学会正确处理各种关系的能力，同时取优避劣，但在具体实行上要避免独断专行，或越俎代庖，剥夺孩子根据自己的意愿建立人际关系的机会。

乔尼虽然才11岁，却是一家夏令营的辅导员助手。由于他公正、热情、待人细致周到，这是第三次被聘到夏令营做助手，照顾年幼的夏令营成员。妈妈一向相信乔尼的自理能力和出色的社交能力，对他整个暑假都在夏令营生活很放心。这天妈妈忽然接到乔尼的电话，妈妈很高兴问他情况怎么样，乔尼有些情绪不佳。

"亲爱的，有什么不对吗？"

"妈妈，我们原来的辅导员走了，新来的辅导员莉莎小姐很粗鲁，对我们这些工作人员很厉害。"

"那么她怎样对你厉害了呢？"

"今天早晨我没有在规定的时间内将我的队员召集到早餐处，她竟当着全队人的面，将我训斥一番，让我在队员面前抬不起头。"

乔尼的声音有些沙哑了，妈妈很为儿子难过，"你是义务去帮助他们的，她没有理由这样对待你，我马上给你们的营长打电话，叫她去同你的辅导员谈谈，好吗？如果不行的话，不如辞了工作回家来，反正假期里应休息一下。"

妈妈心疼儿子不无道理，根据母亲对儿子的了解，他是位很让人信得过的辅导员助手，没能按时召集齐队员，一定是有什么原因在里面，辅导员不问青红皂白当众训斥乔尼，使他在自己的队员面前失去威信，的确有失考虑。但妈妈在儿子面前这样评论辅导员的行为，会使乔尼更加认为自己是委屈的，而不肯检查自己有无责任，辅导员在他心目中的形象进一步恶化，从而对今后他们之间的工作关系不利。妈妈毕竟只听到儿子的一面之词，并不了解全部过程，急于发表意见是不妥的。

更加错误的是妈妈提出要亲自找夏令营的负责人谈这件事，这就走得太远。儿子与自己上级的关系如何要由儿子自己来处理，妈妈在这里不应介入其中，剥夺儿子处理问题的权利。

当儿子向妈妈述说自己的遭遇时，妈妈当然不能毫无表示。儿子感到委屈，心情不佳，妈妈应提供安慰与同情："亲爱的，我可以理解，你一定觉得很不好过，但愿同妈妈谈谈可以使你的心情感觉好一些。"再往下妈妈可以做的是帮助儿子分析一下整个事件的始终，让儿子检查一下自己可能有的责任，同时也要对局势的可能变化进行一些讨论："新辅导员可能是粗鲁主观一些，不注意对待工作人员的态度，但学会与各种各样的人交往、相处，也是你参加这项服务的目的之一，如果你能够想出办法与莉莎小姐的关系处得融洽一些，对你今后的工作会有好处，也锻炼了你与人相处的本领，你觉得如何呢？"这样妈妈既给乔尼一些十分切实的指导与帮助，又避免直接站到他的位置上替他处理问题，给乔尼留下了思考和发展的空间。因为毕竟是乔尼的事，应由乔尼自己办。

妈妈在与乔尼的谈话中另外一个不应有的错误，就是提议乔尼可以回家来。这样既鼓励乔尼在困难面前逃跑，又削弱了乔尼的责任心。能够被聘为夏令营辅导员的助手是光荣的，说明了儿子的工作能力、品德被人欣赏，而担当起这项职务便意味着担当起责任，要带好自己队里的营员。如果仅因为与辅导员的关系出现问题，就放弃工作，转回家中，置荣誉与责任于不顾，孩子的责任心与面对困难的勇气与毅力又从何而来呢？

孩子作为一个社会成员存在，需要与社会发生关系，人际关系便是其中最为基本的关系之一，要培养出一个完整的、有现实意义的个体，孩子们需要接触尽量广泛的社会层面，与各类人物交往，他们可以学会如何判断评价人物，积累与人交往的经验。而父母的职责是给予孩子足够的指导，使他们能够正确地看待人与事物。

教子箴言

教学的目的是培养学生自己学习，自己研究，用自己的头脑来想，用自己的眼睛看，用自己的手来做。

——郭沫若

给孩子选择的权利

孩子不可避免会受到周围人的影响，家长没有必要刻意强迫孩子远离不良的生活环境，也不必帮他们安排自认为适当的环境。我们所需要做的是引导他们面对环境的态度和方法，让他们做出自己的选择。

一位学者去一所学校调查学生们自主选择的能力。在被调查的 100 名学生中，当被问到在学习和生活中遇到难题一时解决不了，该怎么办时，这些学生几乎异口同声地回答："找父母解决。"没有一名学生认为先由自己想办法解决，实在解决不了，再找父母帮助。当被问到将来毕业后希望从事什么职业时，过半数的人回答是要等回去询问父母后才能决定。

这位调查者不无忧虑地说："缺乏自主性，对自我选择冲动的麻木，已是当代孩子们综合素质的一个不容忽视的问题。"学会自我选择，是人成长过程中的一项很重要的能力。然而，许多家长并不重视这项能力的培养，甚至认为，等孩子长大了，才需要他自主选择。殊不知，自我选择的能力是从小培养起来的。

一天，小飞哭着跑进厨房，告诉妈妈："妈妈，爸爸打我。"

妈妈丢下手边的工作，拍拍他的双肩，温柔地问："告诉妈妈，怎么回事？"

"他骂我没有礼貌，然后就打我。"

"好了，宝宝别哭，妈妈会去批评爸爸的。"

等小飞平静下来后，父母又开始舌战了，妈妈坚持不应该用体罚，而爸爸认为小飞也是他的儿子，他叫小飞将玩具车推走，小飞不可以顶撞他，而此时小飞就站在旁边观战。这位母亲的行为，不利于孩子自主意识的培养。

因为，属于两个人之间的问题应该让两个当事人自己来解决。小飞和爸爸的事情应该由他们自己去面对和解决，妈妈不应该插手。当孩子来向她"控诉"爸爸时，她顶多只能说："哦，好可怜，小飞，如果你不喜欢爸爸打你，你就应该找到原因并避免再犯。"如果不久之后，他们又发生同样的冲突，妈妈可以和孩子来讨论这个问题，帮助他了解怎么做才不会再挨打。这样，孩子才能渐渐学会自我处理问题。

父亲和母亲是两个不同的个体，他们对很多事情各有不同的观点。如果他们对子女教育的看法正好相同，这当然很好，但这并不是绝对必要的。孩子要接受或拒绝谁的意见，他会自己做决定，因为孩子有自己判断的能力。因此即使父母共同达成某项共识，结果也会出现非预期的情况。这就是为什么孩子虽然面对父母、祖父母或其他亲人不同的意见，而不会感到混淆的原因。孩子通常会接受对自己最有利的一方。

有的孩子不论做什么事情都需要大人陪着，就是和小朋友在一起玩，也不让大人离开。幼小的孩子在一起玩，难免会发生争执，大哭大闹，如：抢玩具。作为家长不应指责训斥，更不应该哄着对方给自己的孩子以让步。应给予孩子正确的引导，让孩子学会用语言交流，自己达成和解。

很多父母不放权给孩子自主选择，是因为对孩子没有信心，害怕他们会做错事。不少父母对孩子照顾得十分周到，从起床、吃饭到上学、回家、做功课，能想到的都替孩子包办了。这样就养成了孩子的依赖性。其实，孩子是希望父母信赖他们的，能够让他们自主选择的。家长应多鼓励孩子去尝试，如告诉孩子："你行！""你是能自己做主的。"

自主选择不是盲目选择，在孩子做出重大决定时，父母可以帮助孩子收集资料，了解和熟悉相关情况，这有助于孩子进行科学选择。在把选择权交给孩子时，还要教育孩子如果是选择错了，就要自己承担后果。这样对于孩子来说，即使他选择错了，也是一次教训，是值得的。有一位家长，带孩子到少年活动中心去报名，本来，她希望儿子参加美术班，但孩子却在武术班门前看得入神。于是，这位家长尊重孩子的选择，但要求孩子必须为自己的选择负责，学有所成。

美国的家庭教育给人印象最深的一点是：从小就尊重孩子，重视给孩子自主权，让孩子学会在社会允许的条件下自己做决定，独立地解决自己所遇到的各种问题。

在美国，孩子从襁褓时期就跟妈妈分床睡觉，两三岁的幼儿就住自己的房间了。父母只管孩子的安全，其他生活上的事，如游玩、学习等，都由孩子自理、自主、自我选择。比如，孩子从小就有自己存放衣服、玩具和学习用品的地方，他们自己收拾房间，整理、布置属于自己的"小天地"，父母决不替孩子做这些事，最多从旁边提醒、参谋。在美国，很少见到过父母训斥和打骂孩子的现象，更多的却是经常见到家长对孩子说："谢谢""对不起""请原谅""这样好吗"等等，用商量的口吻对话。美国孩子在家里的确是小主人，不但参与家庭的各种活动，还参与家庭大事的决策。比如，购买什么样的汽车、家电、电脑，怎样布置房间，怎样利用和美化庭院等，父母都要倾听孩子的意见。对于孩子的游玩和兴趣活动，家长从不强迫孩子去做什么，而是尊重孩子自己的意愿，让孩子独立地支配自己的课余时间。选择学什么乐器和其他技能时，家长总是给予支持、鼓励和指导。美国家长大都对孩子的学习不施加压力，他们的观点是：喜欢学的孩子自然会努力学，为什么要强制他去做不愿意做的事情呢？强拗着去做，会伤害孩子的感情与个性。人的兴趣、爱好和才能本来就各不相同，孩子适合做什么就做什么，人生的路让孩子自己去走。成功的家庭教育，应该是家长舍得拿出时间跟孩子以平等的态度进行对话、交流，对孩子正确的想法和行为给予充分肯定，让孩子在尊重和鼓励中成长。

美国的家庭教育，是否值得中国家长借鉴和学习呢？

供人以鱼，只解一餐；授人以渔，终身受用。

——谚语

千般呵护，不如教孩子学会自护

　　妈妈出去买菜了，把 5 岁大的小虎留在家里。那是个寒冷的冬天早上，小虎觉得无趣，便找来一个打火机打着玩，突然打火机燃着了被单，引起火灾，他吓得不敢动弹，等到邻居叫来消防队员破门而入时，不幸已经发生了。

　　这类不幸事件的发生，往往是孩子碰到危险不知道如何应付。你的孩子有能力处理紧急事故吗？你的孩子知道如何避开危险吗？只告诉你的孩子提防陌生人，遇到火警不要惊慌失措是不够的，你一定要清楚明白地告诉他，碰到危险情况该做些什么和不应该做些什么。以下的原则可供参考：

　　说话的语气要肯定，不能吓他们。想一下孩子可能会遇到的情况，讲给他听，问他该怎么办，把你们的一问一答当成游戏，可使孩子对找到"答案"而兴致勃勃。此外，要注意安排一些实习，因为许多孩子都知道应该怎样做，但真正遇事时却不能付诸实际行动。下面 7 种可能发生的情况，还有应该如何应对的建议，你可以与孩子一起讨论：

　　1. 你和母亲在一个大购物中心（或者公园）里，你让一些东西吸引住了，停下来看一看，一抬头，妈妈却不见了，告诉那里的负责人你找不到妈妈了，在购物中心去找穿制服的警卫人员，千万不要随便抓住个大人就告诉他你找不到妈妈了。

　　2. 你独自在家，有人敲门，你从窥视孔里发现是一个陌生人：独自在家的时候，千万不要给陌生人或只来过你家一两次的人开门，即使那人说有紧急的事情，或者说是你父母叫他来的，也不要开门。但不理也不行，窃贼也许是在试探你家里有没有人。你要隔着大门对外面的人说，你父母在休息，请他稍后再来，然后打电话给你父母或邻居："有陌生人在敲门，在他离开以前，请你在电话里陪着我。"

3. 你步行回家途中，注意到有人可能在跟踪你：走到马路对面或另走一条路以避开那人。假如那个人还在紧跟着你，甚至强迫你，跟你一起走，你就应该跑向一处人多的地方，例如商店或者繁忙的十字路口。不要随便看见一所房子就跑去，因为那房子也许是空的，又或许那里的人不给你开门，如果你家里没有人也暂时不要回去。

4. 夜晚家里人都睡着了，你闻到燃烧东西的气味醒了过来：要大喊"失火了！失火了！"叫醒家人，然后顺着你们平时讨论过或防火演习中预定的通道离开室内，到外面约定的地点。记着不要使用电梯。如果有烟，俯下身子爬出去。可是如果你发觉卧室门过热，那表示火头就在门外，开门很危险。假如你住的是高楼，不要试图从窗口跳出去，应该用被单打信号，让消防队员知道你在屋里。这些都做了以后，便尽量贴近地板，因为那里的空气中烟量较少，用湿布掩住口鼻，等待消防队员救你出去。

5. 你发现唯一在家里的大人一动不动地躺着，你使劲摇他也不醒：如果家里有电话，应打紧急事故电话等人来救援或请邻居来帮忙。

6. 你独自在家，不小心割伤了自己：如果流血很多，用干净的毛巾包住伤口止血，但不能包到太紧使你感到疼痛。然后打电话给父母或邻居。

7. 你和一个不会游泳的小朋友在河边或游泳池边玩，他掉进了水里：除非你受过适当的救生训练，否则不要跳到水里去救人。这时你要大声呼救。假如有个救生圈或是任何漂浮的东西，扔给你的朋友，高声喊他抓住，等人来救援。你也可以趴在水边，把你找到的一根木棍、树枝或长杆伸给你朋友抓住，把他拉到岸边。但是要记住，手不能伸得太远，而且一定要保持腹部贴地，那样你才不会失去平衡跌到水里。

给父母的一些提示：为了确保孩子的安全，父母平常应多下点功夫：沿儿女常走的途径，向他们指出什么地方可以去求救，什么地方必须躲开，如小巷和无人的空地等；要孩子实习割伤、轻微烧伤与其他损伤的急救法，鼓励他们学习急救课程；告诉孩子，如果没有大人的监护，不要在水边玩耍；帮助孩子记住住址和电话号码，如果电话有区域号也要记住，要他能正确说出自己住在哪里；教孩子使用电话，在家里电话上贴上个卡片，把你的住址、警察局、消防队、医生、医院和一个邻居或亲友的电话号码写在上面以便孩子在急用时能够有效寻找帮助。

教育的目的在于能让青年人毕生进行自我教育。

——哈钦斯

第四章

让孩子成为学习高手

要把孩子培养成学习的天才，关键在于要教他们学会自我管理和自我教育。围绕这一核心，应致力于引导孩子在学习中寻找智慧、兴奋和快乐。因此在教孩子学习时要助兴，不要扫兴；要启发，不要"填鸭"；要从实际出发，不要过难过易；要以鼓励为主，不要总是处罚；要同孩子平等，不要摆家长架子；要注重孩子个性化发展……

好奇心：学习的第一美德

有一天，一位母亲看到了女儿的一张绘画作品。当时，她一下子就怔住了。孩子总是充满了想象，孩子的世界也应该是一个充满了想象的世界，可是，在她女儿的一幅名为《陪妈妈逛街》的画中，既没有高楼大厦，也没有车水马龙，更没有琳琅满目的商品，有的只是数不清的大人们的腿……

奇怪！她拿着女儿的画深思了很久，终于解开了疑惑。原来，幼小的孩子还只有几岁，身高也几乎只能达到大人的腰部。走在大街上，川流不息的人群将孩子遮掩着，孩子除了能看到大人们的腿，还能看到什么呢？

妈妈如梦初醒，是啊，孩子们上街看到的不是高楼大厦和车水马龙，而是大人们的腿，这是他们的身高决定的；孩子对很多问题疑惑不解，这是由他们的年龄、智力和见识决定的；并不是每个孩子都能用和大人相同的视角来看待社会、生活……

作为父母不应该以成年人的眼光来看待孩子对某些事物的"特殊"看法。比如孩子们会经常问："妈妈，我是哪来的?""妈妈生的。""妈妈是哪来的?""妈妈的妈妈生的。""妈妈的妈妈……"经常和孩子在一起，你一定会发现他们似乎有问不完的问题，闯不完的"祸"，弄得大人往往觉得他们挺烦。

但如果我们静下心来，便会从孩子问这问那，摸这摸那中看出，其实他们是对大千世界充满了好奇，他们渴望通过自己的探索了解世界，探个究竟。牛顿因为苹果从树上掉落而引起好奇，后来发现了"万有引力定律"；瓦特对滚水把水壶盖子掀起产生好奇，进而探究其原理，才有蒸汽机的发明……

孩子常常对我们已经习以为常的东西表现出极大的兴趣，好奇心是孩子们的天性，往往蕴藏着不可预测的潜能，也是他们敢于探索新知，敢于创新的动力，是获得智慧的关键。保护孩子的好奇心，就是保护孩子的未来幸福。

1. 让孩子在满足好奇的过程中获取知识

当孩子对一件东西表示好奇并且开始表现出一种破坏物品的行为的时候，你该怎么做？有没有想过如果保护了物品你可能就无法保护孩子的好奇心了？在我们传统的教育观念中，长辈们似乎更关心的是保护物品不被孩子损坏，而对孩子的要求就是不要调皮捣蛋，这样的观念是一种扼杀孩子好奇心的观念。

著名教育家陶行知先生曾碰到这样一件事。一位母亲对他抱怨说，她的儿子非常淘气。把好好的一块贵重金表给拆坏了，她把儿子打了一顿。陶行知先生当即说："可惜呀，中国的爱迪生让你给枪毙了。"陶行知先生的这番话确实道出了日前在家庭教育中，一些父母是怎样在无意中扼杀了孩子可贵的好奇心。因为这会直接影响到一个人的创造性的形成。

保持孩子好奇心的诀窍是大人要有童心，要会换位思考。大人对孩子的好奇心不能理解，甚至不耐烦是因为孩子因好奇心而引发的问题，大人早就知道了，站在大人的角度，没什么可解释的。正如作家桑姆·金丽所说："我们的眼睛变得只盯着追求的目标，以至于对眼前的玫瑰花也不惊奇。"

因此，首先要解决的问题是尊重孩子的好奇心，允许他提问。其次，不要敷衍孩子，要给孩子的提问以满意的回答。如果自己不懂，就带孩子一起去找答案。另外，家长要学会说这样一句话："我真喜欢你爱提问题。"有时对孩子的提问，还可以不用马上提供答案，而是进一步提出一个疑问和悬念，激起他更强的好奇心。最后，允许孩子探索，比如拆东西。家中如果有贵重东西，尽量放在孩子看不到的地方，如果他看到给拆了，就千万不要责备他。否则对孩子的好奇心是致命的打击。

好奇心是孩子们的天性，也是他们敢于探索新知，敢于创新的动力。创造精神就像是一双巨大的翅膀，能带领孩子在知识的天空里展翅高飞。父母可从保护孩子的好奇心开始，培养他们的创造精神。

诺贝尔物理学奖得主、美国加州理工学院物理系教授查德·费曼天生好奇，自称为"科学顽童"。他十一二岁就在家里设立了自己的实验室。在那里自己做马达、光电管这些小玩意，还用显微镜观察各种有趣的动植物。

他还在其著作《别闹了，费曼先生》一书中讲述了自己在念研究生时发生的一件事：为了弄清蚂蚁是怎样找到食物，又是如何互相通报食物在哪里的，他着手做了一系列实验，如放些糖在某个地方，看蚂蚁需要多少时间才能找到，找到之后又如何让同伴知晓；用彩色笔跟踪画出蚂蚁爬行的路线，看究竟是直的还是弯的。正是这些实验使他知道蚂蚁是嗅着同伴的气味回家的。

由此可见，费曼先生在物理领域取得的巨大成就与他强烈的好奇心不无关系。父母要想为自己的孩子创造良好的启发环境，就应该保护孩子的好奇心，鼓励他们在满足好奇的过程中获取知识。

2. 制造悬念，用好奇心引导孩子

著名教育家陈鹤琴曾说过："好奇动作是小孩子获得知识一个最紧要的门径。"强烈的好奇心能使孩子产生学习的兴趣，孩子只有对学习产生了兴趣，才能从学习中体验到快乐，才会热爱学习，并主动学习。

小斯宾塞有一段时间只爱玩游戏，对书本不感兴趣。一天，老斯宾塞拿着个沙漏，告诉他说，这是古时候的钟表，里面的沙子全部漏下去时，整好是三分钟，小斯宾塞想玩玩这个沙漏。这时老斯宾塞说，以沙漏为计时器，和爸爸一起看故事书，每次以三分钟为限。小斯宾塞很高兴地答应了。

小斯宾塞果然静静地坐下来听爸爸讲故事，但事实上他根本没有留意看书，而是一直看着那个沙漏，三分钟一到，便跑去玩了。老斯宾塞没有气馁，他决定多试几次。这样数次之后，小斯宾塞的视线渐渐由沙漏转移到故事书上了。虽说约定三分钟，但三分钟过后，因为故事情节吸引人，小斯宾塞听得特别入神，他要求延长时间，但老斯宾塞坚持"三分钟"约定，不肯继续讲下去。小斯宾塞为了早点知道故事情节，就自己主动阅读了。

开始的时候，老斯宾塞在一旁陪伴孩子读书。遇到不认识的生字，小斯宾塞也懂得询问了。不久，老斯宾塞教孩子学习查字典。他在以后的短短半年中，所学习的生字超过了很多大孩子。当然，故事书也远远不能满足他的阅读兴趣了，小斯宾塞开始广泛地阅读有用的书籍，大大开阔了自己的视野。

在人类社会里，对任何事物都保持一种强烈的好奇心的人，兴趣往往十分广泛，创造力也特别强。这种人对大家觉得平常的问题，依然保持着强烈的好奇心和旺盛的求知欲，驱使着他不断学习、积极进取。

每个人在成长的过程中看到自己不了解的事物都想探个究竟，小的时候更是这样，孩子会对自己所看到的一切感到惊奇，常常会向父母问这问那，久而久之即使最有耐心的父母也会感到麻烦、费劲，其实他们往往忽视重要的一点，好奇心是促使孩子学习、成长的良机。好奇心不是凭空产生的，它是可以培养的，如果学习的内容就像一壶白开水，没有一点悬念，没有人会对此产生兴趣，真正的趣味学习在于制造悬念，由浅入深。

有一对父母，他们不是把孩子看的书放在书桌上，而是把这些书籍藏起来，可爱的孩子觉得父母既然把它藏起来，肯定是一本不同寻常的书，便"偷"来仔细阅读。可见，只要掌握了孩子的好奇心，就别怕孩子没有学习的动力。激发孩子的好奇心，是父母成功引导孩子的关键所在。

3. 珍惜孩子的好奇心，父母应该怎样做

（1）给孩子创造一个丰富多彩的学习环境。环境刺激是丰富多彩的。当世界上千姿百态的事物具体地呈现在孩子的面前时，要让他们亲自去看看、听听、闻闻、尝尝，以至摸、掰、拆等摆弄一番。这实际上就是让孩子主动去探索生活中的奥秘。日常生活中，可以让他们多玩些色彩鲜艳的或者能活动、能发声的玩具，如各种娃娃、带动力的小汽车、飞机及小铃铛、玩具乐器等等，从一开始认识世界就丰富他们的眼界。在节假日还可以带他们出去郊游，大自然中的花草树木，鸟兽虫鱼、青山绿水都充满了知识的奥秘，对孩子有着无穷的吸引力。

（2）让孩子自己探索问题。有的父母只是注意丰富孩子的知识，不厌其烦地回答孩子提出的问题，这样一来，就会使孩子不能很好地开动脑筋、积极思考。父母应该鼓励孩子开动脑筋，认真思考，查阅相关书籍和资料，自己寻找问题的答案。

（3）为孩子提供动脑、动手的机会。根据孩子模仿性强、爱动的特点，可以让他们利用手边的工具，充分运用各种感官，自己观察，自己动手操作，让孩子体验到一种自我成就感和乐趣。比如让孩子自己制作简单的玩具，自己设计一种游戏等。他们对于自己动脑筋想出来、自己动手做出来的东西，有一种偏爱和特殊的兴趣，因而类似活动有利于激发起他们强烈的好奇心和求知欲。

（4）经常与孩子参加户外活动。父母可以和孩子多逛逛游乐园、动物园，等等，户外活动更容易引发孩子的好奇心，是培养孩子创造精神的好环境。

（5）利用故事增强孩子的好奇心。故事是用口语化的艺术语言来表达的，它有内容，有情节，形象生动，孩子一般都非常喜欢听。故事不但能丰富孩子的知识，拓展孩子的视野，使他们从中懂得人生的哲理和人生价值，而且还能起到增强好奇心、丰富想象力，从而激发求知欲的作用。

教子箴言

好奇心造就科学家和诗人。

——法朗士

为孩子营造良好的学习环境

孩子离不开父母的培养，孩子的教育是从父母创造的家庭环境中开始的，孩子的各种能力也是从与家庭成员的接触中逐渐得以提高的。可以说，父母所创造的家庭环境的好坏，决定了孩子的未来。

为此，父母应营造出欢乐的、充满爱的家庭环境，这是教育孩子的首要条件。夫妻间的相互尊重和帮助，似乎与孩子的教育无关，却是给孩子上的第一课。刚出生的孩子，大脑是一片空白，在每天生活的刺激下，大脑逐渐把外界的信息进行归纳整理，形成自己的智力。良好的夫妻关系，将大大促进孩子的心理健康和智力的发展。

孩子到了幼儿期，就要进一步培养他热爱读书的良好习惯。孩子都具有强烈的学习欲望，对于幼儿来说，学习是一件快乐的事，他们都希望从各种事情中学习。如果能够满足其学习的欲望，就能够培养出优秀的孩子。反之，放任这种欲望不管，则其对于周围的环境就会渐渐丧失兴趣、丧失希望而觉得无聊，变成一个对于任何事情都不关心的孩子。

我们知道，犹太民族是个很聪明的民族，为了解释在智力取向的活动中犹太人的优势之谜，人们提出了无数的理论。其中，美国一位作家在书中写道："犹太人家庭是学问受到高度评价的地方，在这个方面，非犹太人的家庭相形见绌。就是这一个因素，构成了其他一切差异的基础。"

据说，在每一个犹太人家里，当小孩稍微懂事时，母亲就会翻开《圣经》，滴一点蜂蜜在上面，然后叫小孩子去吻《圣经》上的蜂蜜。这个仪式的用意是：书本是甜的。古时候犹太人的墓地里常常放有书本，因为"在夜深人静时，死者会出来看书的"。当然，这种做法有些象征的意义，即生命有结束的时候，求知却永无止境。犹太人家庭还有一个世代相传的传统，那就是书橱要放在床头。如果书橱放在床尾，就会被认为是对书的不敬而遭唾弃。犹太人爱书的传统就这样由来已久，深入人心。这种爱书的传统，造就了一批又一批人类的精英。

犹太民族的这些爱书传统，对我们具有重要的启示意义。那就是，要培养爱学习的孩子，就必须给他们营造一个浓郁的读书、爱书的氛围。

对于孩子来说，他们在学习的时候必须做到"入境""入静"，也就是做到目的明确，思想集中，心里踏实，适度紧张。要达到这样的境界，需要家长与孩子共同努力，特别是作为家长，要为孩子创造良好的学习环境。

为此，要给孩子预备固定的学习地点，桌椅位置固定，不能随意搬动。这样孩子容易形成专心学习的心理定式，一进入这个环境，脑子就进入学习状态。桌子上不能乱七八糟地堆放东西，只能放课本、作业本、文具以及必要的工具书，旁边有一个小书架更好。不要放玩具、零食，以免干扰孩子学习。

孩子学习时，家人应尽量保持安静，电视机、收音机最好不要开，如果在不同的房间，应把门关好，声音调小。说话不应大声，尤其不要吵架。

家长最好和孩子拥有共同学习的时间。可以约定一个时间全家人同时学习，有的读书，有的看报，有的写东西，这样的家庭气氛最能促进孩子专心学习。

家长尤其要创造适合孩子学习的心理气氛。家庭成员之间互相关心、亲密融洽，是孩子"入境""入静"的重要条件。家庭人际关系如果不和谐，经常吵吵闹闹，对孩子是一种心理干扰、情绪压力，孩子会产生焦虑、恐惧、厌烦等心态，无法安心学习。一棵小苗要有充足的阳光雨露去滋润，周围要有适宜的生长条件，经过很长的生长期，小苗才能长成参天大树。孩子要成为有用之才，除了自身努力外，在学校受到良好教育的同时，还要具备一个文明、和睦的家庭环境。因此，每位家长要有意识地提高自身修养，为建立一个良好的家庭环境尽职尽责。

家庭的智力气氛对于儿童的发展具有重大的意义。儿童的一般发展、记忆，在很大程度上取决于家庭的智力兴趣如何，成年人读些什么，想些什么，以及他们给儿童的思想留下了哪些影响。

——苏霍姆林斯基

培养孩子的学习兴趣

学习兴趣是推动孩子学习活动的一种动力，它不是自然而然形成的，需要父母给予培养。孩子如果没有学习兴趣，任何好的学习条件对他来说都是形同虚设，一旦有了兴趣，不用催促，他也会全力以赴认真学习。

有一个故事说得很有意思：有个印第安人和他的朋友走在闹市区，车来人往穿梭不停。印第安人是以捕蟋蟀为生的穷人，靠捉蟋蟀卖钱来糊口。突然，印第安人停下脚步，大叫："我听见一只蟋蟀在叫。"朋友对他说："你发神经，不可能。"印第安人认真地回答："不！我听到了蟋蟀在叫，没错！"朋友肯定地说："现在正是中午，人那么多，汽车喇叭声此起彼伏，你不可能听见蟋蟀叫。"

印第安人并不理睬，独自穿过马路，果然在小灌木丛中发现了一只蟋蟀，他的朋友惊叹不已。印第安人说："其实，我的耳朵和你的并没有什么两样，我只是用心去听罢了。"说完，印第安人又做了个实验，他将一把硬币丢在了水泥路上，半条街的人都随即转过头来。印第安人笑着对朋友说："兄弟，现在你相信了吧，关键看你是不是用心去听。"

这个故事告诉我们，只要是孩子感兴趣的，他们自然就会提高注意力。因此转变学习态度，首先是培养兴趣。教育的进程不能颠倒，学习的条件和动力也不能倒置。为父母者，心要细，气要顺，手要慢，激发孩子的学习兴趣，孩子自己当然也要千方百计努力去培养自己对于学习的兴趣。

培养孩子学习兴趣的一种有效方法就是兴趣迁移。玩游戏机的孩子可以专注得废寝忘食；打篮球的孩子，可以在操场拼个"你死我活"；短信娱乐的孩子可以按得手指麻木……这么耗费体力和脑力的活动，孩子们为什么会乐此不疲呢？就是因为兴趣使然。如果将这种执着进取的精神用于学习，将会产生多大的动力啊！

可是有些孩子偏偏就对学习无法提起兴趣，家长心急如焚，孩子自己也苦恼万分，其实大可不必如此紧张，学习的兴趣完全可以慢慢培养起来。先从孩子有兴趣的地方开始：健康活动，体育运动，棋类活动，唱歌跳舞，绘画表演都可以。磨刀不误砍柴工，花点时间，培养兴趣，这个培养兴趣的过程就是一个人成长的过程，其间的方法或许可以依此类推到学习中去。

因此对于孩子学习以外的某些娱乐的兴趣，家长千万不要一味去扼杀，而要正确引导，引导到学习兴趣上来。同样的精力，同样的劳累，同样的拼搏，许多娱乐与学习产生兴趣的要素是相同的，都会使人兴奋，都会获得成功的快感。可是孩子对学习的兴趣为何始终不如对娱乐的兴趣那么高呢？一个很重要的原因是我们的孩子过早地进入紧张学习的状态，造成了提前兴奋，从而对兴奋的持续性产生了抑制，无聊、厌倦的情绪一股脑儿向他们涌来，纵然他们主观想努力，客观上也提不起兴致。倘若孩子家长不再唯考分是从，适当减轻一些压力，或许孩子们有朝一日能感觉到，在其他活动中的兴趣在学习中同样可以寻找到，那么自然而然就被引导到学习中来了。

即使孩子对于活动的兴趣最终无法迁移过来，但如果他在某一项活动中，兴趣十足，表现突出，说不定也会产生意想不到的成绩，所谓"三百六十行，行行出状元"说的正是这个意思。

孩子的学习，兴趣开发永远应该放在第一位，兴趣永远是最好的老师。那么，做家长的应该如何培养孩子的学习兴趣呢？

1. 珍视孩子的好奇心

对孩子的好奇心、兴趣和才能，一不推，二不捧。有些父母对孩子提出的许多问题缺乏耐心，往往采取回避或粗暴的态度，"去，去！没看见我正忙着吗？就你问题多！"这些粗暴的做法就是推，它把孩子的求知欲望摧毁了。

对孩子的好奇心和兴趣、才能要热情鼓励，给予支持，但不能捧，尤其不能把孩子的才能当作家庭的小摆设，在大庭广众、亲戚朋友中炫耀、吹捧，那样会使孩子沾沾自喜，以致误了孩子终身。

2. 明确学习目的

学习目的和兴趣都是需要一定的表现形式，它们之间有着十分密切的关系。孩子对某一事物认识的目的越明确、越具体，对该事物的兴趣就越大。仅仅由某事物或现象的生动性或趣味性引起的儿童兴趣是肤浅的，而由明确的学习目的支持的学习兴趣，才是深刻的、稳定的和持久的。在小学生的课程范围内，有些知识是相当枯燥的，比如数学中的某些知识，它们很难以其本身的生动性引起儿童的兴趣，但是，如果家长能向孩子说明这些知识在今后工作、生活的作用，并启发或带着孩子去亲身体验，让孩子明确学习目的，孩子可能会乐于学习这些知识。

3. 帮助积累知识

假如说一个孩子对某方面的知识发生兴趣，那就是说，他必然是已经接触了这方面知识，并且有所体验，感觉到它的有趣。如果一个孩子在这方面的知识是零，那么，他说对它有兴趣，则只不过是一句空话。知识的积累有助于孩子学习兴趣的发展，例如，阅读兴趣，需要以识字为基础，识字越多，可读的书的类别越多，范围就越大；学习历史，知道的历史事件越多，对历史的兴趣可能越浓，参观历史博物馆将能帮助孩子积累这方面的知识。

4. 督促完成学习任务

兴趣是需要一定的表现形式，没有需要产生就根本不会有兴趣发生。给孩子提出需要完成的学习任务，让他们感到有必要去观察、思考，并寻求结果，则兴趣会伴随着发生。例如，让孩子收集十种树叶，做植物标本，但自己家的庭院里或宿舍楼旁边却只有五种树，孩子便只好到山上或公园里找树叶，凑够十种，这个问题便能调动孩子对公园里或山上的各种植物的叶发生兴趣，树叶标本做好了，再要求孩子说明它们分属于哪些树，这些树有什么生长规律，这样孩子便要进一步观察，并翻阅图书查找这方面的知识，这可能促成孩子对某些植物方面的阅读兴趣。

5. 恰当运用竞赛方法

竞赛能激起孩子争上游的欲望。这种欲望会无形地激发孩子的学习兴趣。例如，让孩子一人埋头做题，他可能做一会儿就烦了，但如果适当穿插一些心算竞赛，则可能激起和保持孩子算题的热情和兴趣。父母和孩子，三人参加，父母中有一个出题并兼裁判，一人同孩子比赛，十题一组，采用抢答方式，最后计分，看谁优胜。一组题算一盘，可比三盘，三盘两胜，也可比五盘，五盘三胜。又例如，语文作业中的由字组词训练，也可以由父母同孩子比赛，每出一个字，看谁组词多，而且不限于两个字组的词，也可以是三个字，四个字，甚至五个字组成的词。

6. 营造孩子学习兴趣的环境

要使孩子学得有兴趣，学习的内容必须贴近孩子的生活，方法也适当变化。同样是要孩子写一篇日记，甲家长用命令的口吻对孩子说："今天是星期天，你必须写一篇日记。"孩子冥思苦想，无话可说，兴趣全无。而乙家长先带孩子到公园去游玩，让孩子说游玩的过程，适当地予以指点，再让孩子记下来，孩子兴趣盎然，日记便会写得有声有色。再如让孩子算一个月的生活费，也能激发他们学习数学的兴趣等等。

教子箴言

学问必须合乎自己的兴趣，方才可以得益。

——莎士比亚

增强孩子学习的恒心和毅力

　　毅力是指在明确学习目的的情况下，克服和排除学习中的内外困难和干扰，以顽强的意志完成学习任务的品质。当孩子具有了这种品质以后，他们就不会因一时的困难而气馁，也不会因内外干扰而分心。人的认识活动充满了各种各样的困难，人的意志总是与克服各种困难相联系，并在有目的的行动中表现出来。爱因斯坦说："优秀的性格和钢铁般的意志比智慧和博学更为重要。"在日本，人们推崇所谓"忍术"，并且有一种"忍术的修行法"，其中有一个训练跳高的方法："种下大麻，使其生长，每天在它上面跳越。"日本著名教育家铃木认为这是培养非凡能力的好方法，值得采用。

　　大麻时时刻刻在生长着。如果每天都在大麻上跳越的话，自己的跳跃能力也在逐日提高。随大麻的生长而每天练习跳越的人就会轻而易举地、自然而然地跳越过去。由此可见，悲叹自己无能的人是多么无知啊！

　　"能力，只有通过努力才能掌握，只有通过反复做才能熟练掌握"，这是铃木的自戒。

　　有一次，铃木把自己说的"生命在音乐中无形地成长"这句话写在了1500张诗笺上，准备把它送给学生们。铃木利用晚睡或早起的时间去写，有人说："你这样做太辛苦了。"但是对于铃木来说，这样做，不但不辛苦，反而感到很高兴。既然写就想写好。每写一张，嘴里就不断嘟哝着：写得再好点，写得再好点。

　　对于不是画家的铃木来说，写好字是相当难的。尽管这样，每当写一张，他就增加了一份信心和力量。终于写得越来越漂亮了。同是一张诗笺，但字写得一张比一张好，这确实是难以形容的反复做的妙趣啊！

塑造孩子的一生：

让孩子无忧无虑地成长

在松本音乐学院有一个满 6 岁的孩子，名叫纺子，行动极其缓慢，做任何事情都比其他孩子完成得慢。铃木把纺子放到其他孩子中间一起培养。

在教室里，并排站着几个与纺子年龄差不多的孩子。老师站在他们的面前，喊道："好，一、二、三！"

当喊到"三"时，立刻把右手举过头顶，让孩子们跟着学。这是对孩子瞬间感觉和快速行动的一种训练，是拉好小提琴的基本能力。

孩子们最喜欢这样的游戏。上课前，孩子们高兴地大声喊叫着，同时迅速地把右手举过头顶。不过，只有纺子一个人慢腾腾地举过头顶。

因此，铃木改变了主意，与其让纺子学小提琴，不如培养她瞬间行动的能力。为此，先让她本人按自己的速度自然而然地做举手动作。这是对她的耐力的一种考验。每逢铃木上课，都让她与其他孩子一起认真玩这种游戏。不久，她便能操作小提琴了。

这种马拉松式的训练持续了十二三年后，发生了令人震惊的变化，纺子成为了松本音乐学院首屈一指的伟大的演奏家，并成为柏林广播管弦乐团的成员。

孩子即使有什么短处，也不要把它视为天生的而放任不管，应该经常进行练习，最多用 10 年的时间就可以把其短处变为长处。

对此，多数人都经历过。可以说，任何事情的成功与否是与能不能坚持干到底有关的。毅力也是能力，所以必须加强培养。那么怎样培养才好呢？

首先下决心开始后，要忍耐一段时间。值得注意的是，最初的这种忍耐是决定自己命运的。这是因为继续忍耐一段时间，必要的毅力就会产生出来，做事情也就相应地容易多了。这就好像一粒树种子埋进土里，很难出土发芽。虽然肉眼看不见，但从埋进土里的那时起，种子就开始变化，做发芽的准备。幼芽终于破土而出了，它孕育着向上的喜悦和生长的快乐。幼芽渐渐长大了，与此同时，幼芽的根开始在土里生长。这根就是促进树生长的力（以人而言，促进能力发展的根源），即所谓根气。幼芽渐渐发育、茁壮成长，形成树的状态，与此成比例的根部也渐渐粗壮起来。因而可以说，这种根气作为人的毅力是促进人们干到底的法宝。

另外父母还可从以下几个方面入手：

1. 教育孩子从小立志

教育孩子从小立志，"伟大的目的产生伟大的毅力""坚强的意志源于崇高的理想"。家长可用古今中外科学家献身科学的志向与坚忍不拔，终至成功的事迹去教育孩子，如，我国著名桥梁专家茅以升，一辈子献身于桥梁事业，与他从小受到的教育是分不开的。

南京秦淮河上有一座文德桥，有一年端午节游人为争看龙舟竞赛被挤塌了，许多人掉到了桥下，有些孩子淹死了。事后，家人就带茅以升观看倒塌的文德桥，茅以升小小的心灵受到很大的震撼，从那时起，他就立志要造坚固耐用的大桥，也由此增长了茅以升热爱科学、关心社会的崇高理想。

居里夫人为了提炼新元素，花了二十多年时间，做了一千多次试验，仅试验废物就上千吨，最后终于炼出了镭；再如，焦耳没有上过学，他的知识全靠自学获得，为了证明热是能的一种形式，使用种种方法，做了四百多种试验，历经了无数次的失败，最后终于获得了热功的大量的数值；数学家阿基米德在罗马士兵沾满鲜血的利剑面前，临死还高喊："不要动我的几何图！"要让孩子懂得马克思的名言："在科学的道路上，没有平坦的大道，只有不畏劳苦，沿着崎岖山路攀登的人，才有希望到达光辉的顶点。"同时还要使孩子意识到个人的学习与社会进步的关系，从而使他们产生学习的社会责任感。为了贴近孩子的实际，还可以用同龄人的榜样来教育孩子，如某某孩子克服困难获得成功的事例，让孩子看得见，摸得着，可学习。

2. 鼓励孩子不断克服困难

人的意志不是天生的，是在生产、生活的实践中，通过不断克服困难发展起来的，困难是培养孩子毅力的磨刀石。孩子学习上的毅力，也是在具体的学习活动过程中通过克服困难形成的。

有家长说：我要求孩子一年级总分在班级进入前十名，二年级进入前八名，六年级时要进入全年级前十名，设立这样的目标，让孩子一步一步地去实现，这个过程就培养了孩子的毅力。这样的做法是不正确的，它有两个方面，一是这些目标是否切合孩子的实际，是否属于经过努力就能达到的，如果孩子不能达到这些目标，遇到的全是失败，毅力从何而来？二是孩子进入前几名，排第几位，受各种因素制约，本身就不是一个科学的目标。

正确的做法是，从具体问题入手，当孩子在学习上遇到困难时，不断地给予他意志与情感的鼓励，"我知道，这道题你一定能够做出来"等让孩子从亲身的意志行为中尝到快乐。家长还可根据孩子特点，有意地设置一些困难，如让他跳一跳摘果子，激发他尽力跳起，从而培养战胜困难的毅力。

3. 引导孩子体验成功感

培养孩子克服困难的毅力，与他们是否感受到战胜困难的成功感关系密切。孩子只有在不断克服困难获得成功的过程中，才能形成毅力。家长要以其自身的经验，启发孩子多种思考，教会一些行之有效的技能技巧，帮助孩子克服学习上的困难。

必要时，降低学习的难度和要求，也不失为一种好方法。要知道，培养孩子的毅力，不只是对成绩优异的孩子而言，有的孩子学习有障碍，家长根据实际情况，适当降低要求，使其获得成功，再逐步提高，也能培养孩子战胜困难的毅力。

现代教育提出了终身学习的思想。社会在突飞猛进地向前发展，面对这样不断变化的世界，不能以掌握静止知识的多少来衡量自己的学习情况，关键在于会学习，不断地学习。家长要和学校教师一道研究孩子的学习过程，培养非智力因素，帮助他们总结学习经验。教会学习方法，它比学一点静止的知识重要得多。告诉他们学习是终身的事，活到老，学到老，把学习当作生活中不可缺少的一部分，并从学习中获得无穷的乐趣，做一个真正的现代人。

天才就是这样，终生努力，便成天才。

——门捷列夫

掌握科学的学习方法

诺贝尔物理学奖获得者丁肇中教授曾经说过：一个学生如果只会死啃书本，应付考试，那他所得的知识是极其有限的，很可能只是重复前人所掌握的东西。托尔斯泰也尖锐地指出：如果学生在学校里学习的结果是使自己什么也不会创造，那他的一生将永远是模仿和抄袭。

当孩子面对新的问题时，如果能和已有的知识建立起联系，会让解题过程变得更轻松。考试的真正目的，也正是为了让孩子自如运用已有的知识，来解决新的问题。然而，联系已有知识的关键在于一个字——活。如果用得过于死板，反而会起到不好的效果。

现代汉语的语法分析体系是从西方套用来的，这就是说我们使用着中国语言，而衡量这种语言的标准却是西方的。这套不合体的标准，却在语文课上被老师津津乐道。而实际上，我们更应当从整体上去把握中国语言，把握语言的整体特征，不能强要每个孩子都成为语言学家、逻辑学家。正是语法体系的错位，使得我们的语言审美也出现了问题。譬如《明湖居听书》中的一句："那双眼睛，如秋水，如寒星，如宝珠，如白水银里养着两丸黑水银。"我们一定会说这一句很美。然而，有孩子就模仿，写《我的同桌》："她的头发像黑色的瀑布，眼睛像夜明珠，鼻子像大理石，嘴像一条小船，脸盘子像十五的月亮……"当所有这些比喻拼凑到一起时，就出现了一个极恐怖的形象，还不如直接说一句"我的同桌很美"来得实在。这就是刻板套用已有的知识，这种毛病还不止出现在文科中，理科一样存在着类似问题，例如用错了公式和定理。这种刻板的套用，归根结底，还是孩子对知识掌握得不够深入，仅仅凭借一些表面印象来运用，并没有真正地理解。

高钢把9岁的儿子带到美国，就像是把自己最心爱的东西交给了一个并不信任的人去保管，终日忧心忡忡。孩子可以在课堂上放声大笑，每天最少让孩子玩两个小时，下午不到三点就放学回家，最让父亲开眼的是根本没有教科书。一个学期过去，父亲把儿子叫到面前，问他美国学校给他最深的印象是什么？孩子笑着说了一句美国英语："自由！"这两个字像砖头一样，拍在老爸的脑门上。不知不觉一年过去了，儿子的英语长进不少，放学之后也不直接回家了，而是常去图书馆，不时就背回一大书包的书来。问他一次借这么多书干什么？他一边看着那些借来的书一边打着电脑，头也不抬地说："做作业。"

这叫作业吗？一看儿子打在计算机屏幕上的标题，父亲真有些哭笑不得——《中国的昨天和今天》，这样天大的题目，即便是博士，敢去做吗？于是乎严声厉色，问是谁的主意。儿子坦然相告："老师说美国是移民国家，让每个同学写一篇介绍自己祖先生活的国度的文章。要求概括这个国家的历史、地理、文化，分析它与美国的不同，说明自己的看法。"父亲听了，连叹息的力气也没有，真不知道让一个只有几岁的孩子去运作这样一个连成年人也未必能干的工程，会是一种什么结果？他只觉得，一个孩子如果被教育得不知天高地厚，以后恐怕是连吃饭的本事也没有了。

过了几天，儿子完成了这篇作业。没想到，打印出的竟是一本20多页的小册子。从九曲黄河到象形文字，从丝绸之路到五星红旗……热热闹闹。父亲没有赞扬，也没评判，因为自己也有点发懵，一是他看到儿子把这篇文章分出了章与节，二是在文章最后列出了参考书目。这是父亲本人在读研究生之后，才开始运用的写作方式，那时，他已经30岁了。

在这个例子中我们看到，一个不到10岁的孩子，就能处理大量资料，并进行分类整理、编纂成书。最初是对资料的搜集和筛选，然后是把选好的内容按照一定逻辑关系连接起来，最后再从文字上通连一遍，配图，排版，打印。分章分节本身就体现出了逻辑的递进关系，而列出参考书目，则显示出了严谨的治学态度。在整个过程中，找资料并不难，难的是在各种资料之间建立联系，把散乱的点连缀成篇。有了这种能力，任何复杂的综合应用题就都能迎刃而解了。对家长来说，让你的孩子获得这样的能力，其实并不难。

1. 让孩子找联系

对于孩子学习上的难点，家长可以让他寻找各种关联内容，或者在内容上有一定的逻辑关系，或者在规律上有一定的相似之处。这样有助于孩子加强知识间的横向联结，提高综合应用的能力。

2. 让孩子独立制作知识结构网络图

家长可以让孩子把某一科目的知识，都用图表的形式联结起来，体现出相互间的关系。这能让分散的知识在孩子的头脑中形成一个整体，尤其在自己动手总结的过程中，孩子可以更深入地理解。

3. 遇到难题时，引导孩子回忆相关知识

当孩子在难题面前"卡壳"，父母可以引导他回忆以前学过的相关知识，努力寻找相互间的联系。可以把难题分为几部分，每部分都用相应的知识解决。这同时也是对旧知识的一次复习。

4. 让孩子系统介绍某一门科目

家长可以让孩子用自己的话，来介绍某一门科目的内容。为了尽量全面，孩子就不得不寻找相互间的联系。而这种联系一旦建立，以后的学习就会事半功倍。

5. 用创造性的题目，锻炼孩子的综合能力

家长可以仿照前面提到的例子，出一些有创造性的题目，让孩子独立完成一篇论文。题目应该能尽量引起孩子的兴趣，也可以由孩子来选。你会发现你的孩子也能完成一份研究报告，而且里面会有他自己的体会和心得。

6. 引导孩子去认识和发现

要帮助孩子去构建知识体系，而不是复制知识。前人留给我们的知识，

对孩子来说是未知的，家长要引导孩子自己去认识和发现，孩子自己在学习中发现问题至关重要，当孩子提出有价值的问题时，家长应该因势利导，让孩子知道什么样的问题有价值，这对培养孩子发现问题的兴趣，养成提出问题的习惯都有好处。

7. 培养孩子收集和处理信息的能力

收集和处理信息的能力是现代社会中生存和发展的基本能力，也是促进孩子自主性学习的途径之一。教科书和其他参考书是孩子获取信息的重要渠道，但不是唯一的。在教育孩子的过程中，应加强指导，使孩子具有多方面获取信息的能力。

8. 学会反思和自我小结

在学习的一定阶段内孩子自己进行反思和自我小结，根据自己收集的材料编写自问自答、自解题等，是使孩子学会独立学习和整理信息的有效途径。

转变教育方式，构建旨在培养孩子创新意识和实践能力的学习方式，帮助孩子尽快步入自主性学习的轨道，是广大父母教育观念转变的迫切问题。

 教子箴言

凡会学习者，学习得法，则事半功倍；凡不得法者，则事倍功半。

——纪元

消除孩子的"恐学症"

通常情况下，因为学校有许多玩耍的同伴，一个孩子会很乐意走进校园的，但是，现在流行起了一种"恐学症"，患者大多是一些 6～10 岁的孩子。这些孩子视学校为战场，宁可一个人待在家中，也不愿意到学校去，这可让许多家长伤透了脑筋。

有一位母亲曾讲述了这样一个故事：他有一个好儿子强强，是少先队大队长，品学兼优，学习成绩名列前茅，连年被评为"三好学生"。谁知好景不长，一切都消失得那么快。那是一个闷热的早晨，该是儿子起床上学的时间了，可是他却一反常态，仍蒙着头赖在被窝里不肯起来，对父母的关注无动于衷，只是说"别来烦我"。直到 9 点钟左右他才起床，还严肃地说："不去读书了，一提到学校我就比死还难受。"后来，每当该去上学的时候，他总是紧张得面色发白，不是不断地跑厕所，就是呕吐或肚子痛去挂急诊。而每次检查结果都是正常，一到下午全部症状都自行消失。最后，心理医生给儿子诊断为"学校恐惧症"。这下，这位母亲可急坏了，什么病症都听说过，还唯独没有听说过这种病。于是带着孩子去找心理医生，医生给出了如下解释：

一位优秀生，为什么会视学校如战场，感到如此紧张和恐惧呢？原因主要是过于认真、胆小、敏感，加上父母、老师或者本人过高的期望值，使之长期处于紧张状态。一旦某次学业失败，即成为导火线而出现"学校恐惧症"。强强长期以来一直稳坐全班第一名的宝座，学习上从未受过挫折。他的"学校恐惧症"的导火线又是什么呢？原来本次期中考试，排在第二名的同学的成绩总分比儿子只少半分，为此他极度紧张，感到自己的第一名摇摇欲坠，从而显得心神不宁，无心听课、做作业，学习成绩一落千丈。他觉得末日来临，于是多次自寻短见，每次都在千钧一发之际，想到父母对他的期望而犹豫起来，最后干脆当逃兵，不肯去学校了。

由此可见，恐学症与家庭教育以及学校教育有着密切的关系。那么为此家长应该如何面对自己的孩子，才能让他们正常融入到学习中，而不会产生类似的恐学症呢？心理学家给出了如下几种参考方法。

1. 父母应该和孩子进行诚恳的沟通

发现孩子在学习中遇到问题时，父母要及时与孩子沟通。交谈时，父母应该对孩子抱着真诚关心和宽容体谅的态度，表示理解孩子在学习上遇到困难或挫折是难免的。同时，父母还可以谈自己过去学习成功或失败的经验教训，给孩子以必要的信心和勇气。在此基础上，再从以下几个方面了解孩子的情况：

（1）在学习上是否尽了全力？

（2）孩子是否认为自己无法搞好学习？

（3）孩子需要什么帮助吗？

（4）应向孩子的老师、同学或朋友了解孩子学习上的问题所在。

（5）孩子上课是否用心？

（6）孩子平时喜欢与哪些人在一起玩？有没有受到什么消极影响？

（7）孩子的特长是什么？兴趣是什么？能否根据孩子的兴趣和特长采取一些特别的措施，让孩子恢复自信，培养其成功感？

当孩子遇到困难时关心他、支持他，鼓励他坚持不懈、顽强奋斗。同时，要鼓励孩子养成独立学习、不依赖他人的良好习惯，不要总是干预、指导、帮助。同时，要鼓励孩子提出切合实际的目标，一步步地争取，不要希望一步登天。

2. 要有正确的奖惩标准

有的家长许诺孩子，如果考试得了多少分或得了第几名就给什么奖励，如果考不好就给什么惩罚。其实，这并不能促使孩子好好学习，因为他们不是在孩子好好学习的时候给孩子以表扬，而这强化的不是学习而是孩子只想得好分数的想法。这种激励方法，可能会使孩子过于追求表面的分数，采取投机取巧、作弊、欺骗等手段。

3. 要有正确的分数观

很多家长只看重孩子得了多少分，不管考试难度如何。其实，考试难度对分数影响很大，如果家长不能正确地看待孩子的相对分数，就会引导孩子也不能正确而全面地看待自己的相对分数，坐井观天，只看绝对分数或只看自己在班上的名次，不利于孩子自我认识能力的发展。家长对考试分数的种种不合理态度，对孩子心理的健康发展影响很大。因此，要摆正考试分数的位子，考试分数固然很重要，但它毕竟是表面的东西，它只是衡量学习成绩的标准之一而不是全部。要把掌握知识、发展能力作为孩子的学习目标。我们应把培养孩子具有合理的知识结构、能力结构和科学的学习方法，以及把发展孩子的全面素质摆在比考试分数更重要的位置上。

家长应从培养孩子的学习兴趣、学习习惯，改进孩子的学习方法、提高孩子的学习能力等方面着手，来提高孩子的学习成绩。应在孩子掌握并使用正确的学习方法时多加以表扬，不应该在孩子得好分数时过多地奖励表扬，而在孩子考得不好时又过分指责打击。

4. 要有正确的成败观

要正确地对待孩子考试的成功与失败。孩子学习、考试遇到挫折和失败的时候，帮助孩子寻找失败的原因，改进学习方法，给孩子以鼓励，帮助孩子尽快地摆脱低落的情绪，争取下次取得好成绩。如果孩子考试一直比较顺利，要在适当的时候有意地给他制造一些困境，让他经历挫折和失败，并培养他们应付挫折和失败的能力。如果孩子经常遭受考试的失败，应该多给他们鼓励，要帮助他修正学习目标，并帮助他分析失败的原因，让他体验成功，体验到正确的学习方法带来的良好效果，增加学习的自信心。

如今，"恐学"是一种很普遍的现象，造成这种现象的直接原因就是家长与学校错误的分数观、成败观。所以，在面对孩子的一些学习问题时，应该学会给孩子创造一种更宽松的环境，让他自由发挥，在培养孩子正确的学习方法的同时，也要注重转变自己，以及孩子的各种错误学习观念。

教子箴言

求学就是学习的唯一真正的准备。

——歌德

不做孩子的"监工"

父母不要光盯着孩子的分数，应该把精力放在孩子的全面发展上，平时要留意孩子的作业是否认真，观察孩子的学习态度是否端正。如果发现问题，就要及时与孩子交流。

面对刚刚踏入校门的孩子，很多父母对其学习紧张万分，不知道在家里该如何辅导孩子；孩子上中学后，面对越来越难的家庭作业，父母对孩子的辅导也越来越吃力，这时又该怎么督促孩子的学习呢？

"盯防术"容易使孩子产生依赖心理。上小学四年级的多多很苦恼："我做作业的时候妈妈老坐在旁边陪我，让我很紧张。我稍一停顿，她就会问我怎么了，看见我有不会的题就非得给我讲。为了让妈妈别啰嗦我，我就说会了，实际上根本没听懂。"据了解，很多父母特别是年纪小的孩子的父母都习惯陪着孩子写作业，他们担心一不陪着，孩子就磨磨蹭蹭地写不完作业。有的父母一看孩子有不懂的地方，往往会主动帮助，这样孩子对父母产生了依赖，容易在心理上轻视上课的听讲。而且父母对孩子的教育思路和方法也未必得当，反而会拖了孩子学习的后腿。

对低年级的孩子，我们提倡父母用与孩子交流的方式来了解孩子在学校的学习情况，父母可以翻开孩子的书本，问孩子这一天、这一周都学了些什么，学过的课文能不能读给父母听，让父母也学习学习，激发孩子的积极性。在这个过程中父母可能就会发现孩子掌握得不牢固的地方，也可以问孩子有没有不明白的地方。发现问题才能有针对性地帮助孩子。但这并不代表父母要陪着孩子做作业，父母的作用是适时地给予辅导和点拨，而不是当"监工"。

从细节培养良好的学习习惯。孩子的小学阶段是养成良好的学习和行为习惯的关键时期，父母一定要在这方面多花功夫，配合学校帮助孩子养成好习惯。比如父母可以大概了解孩子的作业量后，给孩子定下时间，然后用商量的口气鼓励孩子，"你看看能不能在 20 分钟内把这些作业做完，而且写得正规?"

要求孩子养成良好的行为习惯要从细节抓起，比如书、作业本应该怎么翻才能让它不受损坏，一开始学拼音和生字时要指读，学课文时要端着读，削铅笔留下的粉末应该小心堆放在课桌一角，下课后收拾到垃圾桶……父母也要及时发现和纠正孩子在家里的一些不良小动作，及时与老师沟通，在家里也要按老师在学校的要求一样严格要求孩子，让孩子感觉父母的要求和老师一样，是必须遵守的。

建立自信比做题重要得多。很多父母都发现，孩子在小学时门门功课都能考 90 分以上，怎么一上初中，成绩下滑得那么厉害，于是心里很着急，想辅导孩子却又不得要领。分析原因，孩子上初中后，一下子加了很多课，而且大部分课都要考试。在这种情况下，在小学时学习中游的孩子最容易出现两极分化。养成良好学习习惯的孩子就能很快适应初中生活，会听课，作业也写得很认真，学习成绩会稳定并且逐渐提高。反之，那些没有养成良好学习习惯的学生成绩很容易滑坡。

专家提醒父母，孩子上中学后，父母一定不要光盯着孩子的分数，应该把更多精力放在孩子情商的培养上，平时要留意孩子做作业是否认真，观察孩子的学习态度是否端正。如果发现问题，就要及时与孩子交流，或者和老师沟通。孩子进入青春期，心理和生理都在发生变化，父母一定要注意方式方法，不要简单粗暴地对待孩子成绩的变动。父母要多鼓励、引导孩子，可以给孩子量身定制学习目标，帮助孩子逐步适应新的学习生活。其实每个孩子都想取得好成绩，所以关键是帮助孩子建立起学习的信心，找到学习的方法，体会学习的乐趣，这比教会孩子几道数学题要重要得多。

有些父母反映自己常盯着孩子做作业，有的甚至一直陪到九点或十点钟，恨不得替他们一做了事，可孩子的学习成绩就是不佳。对此，想奉劝这些父母一句：问题就出在你们身上，为了让孩子真正能学好，请别做"帮工"和"监工"。

"监工"通常是这样的：孩子在书桌边做着作业，而他坐在一旁虎视眈眈地监视孩子的一举一动，孩子稍一分心，动辄打骂。

"帮工"通常在这时出现：碰到孩子有些题目反复出错，"帮工"不耐烦了，不去细细帮助分析，耐心指导，而是抢过本子，边骂孩子笨，边代做，于是"作业"的主角便从孩子转换成父母了。

无论是"监工"还是"帮工"，对孩子的学习都是没有好处的。试想孩子在做功课时既要研究题目，又要时刻提防旁边父母的训斥打骂，在这种相对紧张惶恐的心理支配下，孩子又怎么能全身心地投入到学习中去呢？作业做不出反正有父母代做，孩子求知的欲望、学习的主动性和进取精神又怎么能从小培养呢？如此做"工"，父母实在是既吃力又不讨好，不仅耽误自己睡觉的时间，而且会让孩子什么也学不到。

在孩子做作业时，父母不应该是一个喋喋不休的"监工"，也不应是一个越俎代庖的"帮工"，而应在他专心致志时感觉不到你的存在，而在他碰到疑问时，你是他信任的朋友和亲切的老师！

孩子的自信心和决断力不是生来就具备的，要想让孩子具备这种能力，父母应早点给孩子锻炼的机会，让孩子多经历一些事情。作为父母，就应该丢掉成年人的主观意识，站在孩子的角度来理解他们的世界，并给予适当的引导，使他们通过自己的经验学到知识。

如果父母站在成人的立场，用成人的思维方式替孩子分析问题指明方向，告诉他们如何去做，不给孩子任何锻炼的机会，那么父母只是一个"监工"罢了。这样的教育是很难让孩子接受的，也会让孩子受到极大的伤害。

让孩子无忧无虑地成长

有这样一位父亲，从孩子出生后，就坚持"陪着"孩子做任何事情。

当孩子与伙伴们玩耍的时候，他就看着孩子怎么玩；当孩子学习的时候，他也把电视关掉，坐在孩子旁边看着孩子学习；当孩子需要休息的时候，他就给孩子规定时间，不让孩子超过休息的时间。在这位父亲的努力下，孩子在班里的成绩名列前茅，成为父亲的骄傲。

但是，当孩子要参加一个重要考试之际，这孩子却失踪了！后来被找到的孩子这样回答："爸爸对我的爱太沉重了，我感觉自己总是被他监视着，一不小心就会做得不好，我很恐惧自己考不了好成绩。"

可见，这位父亲在不知不觉中扮演了孩子的"监工"。他总是监督孩子的各种行为，怕孩子做出一些不正常的行动。而这种监视却让孩子的心理承受了巨大的压力，对孩子来说并不是他所需要的。

明智的父母只是在孩子需要的时候陪伴孩子，在孩子做自己的事情时，给予孩子充分的自由，让孩子自己安排他的时间。这样，每个人都有自己的空间，相处起来才会比较融洽。如果父母管得太严厉，只能使孩子产生逆反心理，出现比较严重的对抗行为。出现这样的结果是每个做父母的都不愿看到的，因此应当及早采取措施。

教子箴言

我们对于儿童有两种极端的心理，都对儿童有害。一是忽视；二是期望太切。忽视则任其像茅草样自生自灭，期望太切不免揠苗助长，反而促其夭折。所以合理的教导是解除儿童痛苦增进儿童幸福之正确路线。

——陶行知

在生活实践中进行学习

　　爱因斯坦说：对于一切来说，只有热爱才是最好的老师。同理，玩是孩子的天性，是一种主动"学习"的态度。其实玩与学习并不是势不两立的，如果处理得当，两者完全可以相辅相成。尤其是健康的娱乐内容，十分有利于孩子综合素质的培养，除了执着的精神外，还有思维能力、观察能力、合作能力等，都可以在玩中得到培养，教育界提出的"愉快教育"就是基于这样的指导思想。另外，在玩的过程中我们能发现孩子特殊的才能和天赋，如果能够因势利导地培养、强化这种兴趣，就可以使孩子在某些方面有所突破，做出特殊的贡献。

　　英国伟大的数学家麦克斯，他在数学方面的天赋就是他的父亲发现和培养出来的。有一次，他偶然发现儿子画的画很特别，引起了他的注意。儿子画了一个插菊花的花瓶，但是所有的菊花和图形都是由几何图形组成的菊花花朵，大小不一样的三角形的叶片，它们的形状搭配得非常巧妙。父亲非常惊异地发现儿子对几何图形的控制能力，继而不断地启发引导，使他很快对数学入迷，终于成为一代杰出的数学家。

　　玩作为一种主动"学习"的态度，可以启发孩子的兴趣爱好，还可以从中发现问题，培养主动性。因此家长不应该过多地干涉孩子玩耍的时间，而是给予积极、正确的引导。

　　1. 玩是儿童的权利

　　曾经有一位老先生向专家请教："我是孩子的爷爷，我现在跟我儿子的矛盾很大，我儿子把孙子搞得太紧张了，给孙子请了四个家教，上七八个班，孙子每天晚上 11 点前别想睡觉。连双休日都安排得满满的。我说这么做孩子肯定受不了。我儿子却说我落伍了，说这是竞争，不能让孩子输在起跑线上。"这位老先生很无奈。

这的确是我们十分不愿意看到的现实。许多父母生怕孩子在童年时代就落后于人，所以早早为孩子规划人生。于是，童年就被各种各样的培训班、特长班挤占，童年时代的梦想就被父母想要在孩子身上实现的各种计划无情地替代。孩子的童年已经不再是纯粹意义上的童年。其实快乐、幸福、自由是童年的真谛。童年时代具有特别意义。很多奇思妙想的萌芽都来自宝贵的不可替代的童年时光。在一个人的童年，吃什么、穿什么往往不那么重要，而玩什么才是最重要的。

2001 年 10 月，在第一届全国京剧戏迷票友大奖赛中，一个叫刘小源的 4 岁儿童唱的一段《大雪飘》，征服了观众、评委。担当大赛评委的中国戏曲学院副院长赵景勃教授在点评时都不知道该说什么好，于是给了一个超常规的评语："我们都不知道该怎么评了。他简直就是一个小人精！今后戏剧界可以考虑设个神童奖。"最终刘小源获得金奖，成为最受观众欢迎的票友。从此，一个 4 岁的孩子，凭借一出《大雪飘》红遍大江南北，成了"名人"，成了破"纪录"的小明星。这其中有什么奥秘呢？

刘小源的父母都是京剧票友，爸爸唱小生，妈妈唱梅派青衣。两个人经常在家里唱念做打。也许是耳濡目染的原因，刘小源从小就对京剧表现出独特的兴趣。好玩好动的小源爱模仿，他经常扯起床单披在身上，然后做出各种造型，让妈妈猜是京剧里的哪个人物，一会儿是《霸王别姬》里的虞姬，一会儿是《红楼梦》里的林黛玉。在大家的眼里这是学习，但在孩子眼里却仅仅是好玩。就是在玩中刘小源学会了许多京剧唱段。

儿童的世界有其独特的规律，遵循了这一规律，教育就成功；违背了这一规律，教育就失败。在儿童眼里，一切都是游戏，刘小源唱京剧就是如同在玩游戏，游戏就是他心中重要的工作。所以父母应当尊重和理解儿童，尊重和理解儿童的世界，不能以成年人的思维揣度孩子甚至约束训练孩子，剥夺孩子玩的权利。然而，有的父母并不真正认可"玩是儿童的权利"这一观念，并且常常限制孩子的玩。也有的父母即便允许孩子玩，也总是把玩的意义建构在学习的基础上，当他们认为某种"玩"对学习有益的时候，就允许孩子玩，而当他们认为某种活动对学习没有什么好处的时候，就以"影响学习"为理由，限制孩子的选择。正是在这样的观念指导下，孩子们看电视、玩电子游戏机等纯娱乐的活动被严格禁止，而读书、学习计算机、弹钢琴等活动则得到了父母的鼓励，因为在成年人看来，这些活动是"有利于学习的"。

玩是儿童的天性，玩是儿童的权利，就像儿童要吃饭穿衣一样。玩作为儿童不可剥夺的权利，是因为玩是儿童成长的需要，剥夺儿童玩的权利有损于儿童的身心健康。我们可以看一看，如今的儿童在繁重的学习压力下已经失去了童心，正在变为成人实现一些想法的工具。玩其实也是儿童认识世界、了解世界的一种重要的学习方式。儿童了解这个世界用他自己的方式，在玩中感受着这个世界，我们不能用成人认识世界的方式取代儿童认识世界的方式。

著名作家严文井先生曾经有过这样一段评语：所有小动物都没有学校，它们的本领怎么学来的呢？从玩中学来的。玩中有许多技能，技能关系到生存。如猴子爱跳着玩，从很高的一棵树跳到另一棵树上，跳过去就是生，跳不过去就是死。你说，这玩中的技能重不重要？这玩是不是一种不可缺少的学习呢？

2. 娱乐学习两不误

著名教育学家李大钊很早就教育我们"要玩就玩个痛快，要学就学个踏实"。可见娱乐并不是我们应该嗤之以鼻的，而学习时想娱乐，娱乐时担心学习的状态却是最不可取的，这样的孩子永远在一种焦虑不安中过日子。

休息娱乐是人的天性，也是一种自然的生理需求，没有什么不正常，所以凡有娱乐玩耍的机会，大多数孩子都不会放过。可有些孩子在娱乐之际，还念念不忘没有完成的作业、没有看完的书，这样还有什么心情玩乐呢？当他们回到书桌前想要学习时，又开始憧憬玩乐时的场景，浮想联翩，不能自持，这种娱乐学习都耽误的状态，最不利于一个人的健康发展。

娱乐时要尽兴，当然只应局限在休息时间，让他们全身心投入，把这段时间毫无保留地交给娱乐，让孩子在尽情享受娱乐所带来的乐趣，无形之中还可以培养他们对待一项事情的执着。大凡学习不认真的孩子，娱乐时也不会特别认真，无论做哪件事，他们都是那么漫不经心，长此以往，形成了一种什么都无所谓的生活状态。为了激发他们对学习的热情，不妨从娱乐活动开始，利用娱乐的趣味性趁势培养执着精神，让孩子学会全神贯注；利用竞技娱乐的竞争性，让孩子学会争强好胜，然后因势利导，将这种状态转移到学习中来，一定会有意想不到的收获。

有一对父母很有意思，他们和那些整天把孩子关在屋里做功课的父母不一样，他们对孩子有一个规定：星期天一天都不许做功课，只许玩！也许一些父母会觉得奇怪：这样不耽误孩子的学习吗？他们的孩子也的确争气，成绩在班里总是名列前茅，奥妙在哪呢？

这对"有意思"的父母对大家说："首先，玩是孩子的权利，是孩子的天性，如果不让孩子玩，实在太残酷，也剥夺了孩子正当的权利。而且，父母也很难做到完全控制孩子的玩。稍稍管松一点，他就会偷偷去玩，如果管严了，他就上课玩，做作业的时候玩，甚至躺在被窝里玩。第三，星期天让孩子玩一天，孩子就会自己主动在星期天之前把作业全部写完，这样第二天他才能痛痛快快地玩；他星期天玩够了，星期一上课的时候也不再想别的了，就踏踏实实学习了。"

这对父母之所以"有意思"就在于知道玩是儿童的权利，同时又能够"老谋深算"地给予孩子玩的机会。

有人会担心，让孩子尽情玩乐，他们会不会就此沉溺其中而不能自拔呢？

我们身边已经有很多这样的先例，为了避免产生这样的恶果，父母仍然要对孩子的娱乐行为进行严格的把关。有位家长就透漏了他的经验，他每天回家先要摸一摸电视机，而电视机上的余热足以证明孩子又看过电视了。即使父母们用尽心机，一旦孩子们离开了父母的视线，仍旧玩得热火朝天，除非实施监控，否则收效甚微。然而就算父母有效地杜绝了孩子们的玩乐机会，结果又会怎样呢？由于无法娱乐，或是娱乐的时候不尽兴，一定会对学习造成负面的影响。如此看来，家长不如鼓励孩子去尽兴玩乐，但要约法三章：在规定的时间、规定的内容中去尽情地娱乐。

3. 给孩子自由支配的时间

一个具有健康人格的人是自由的人，而自由主要体现在这个人能够自由、有选择地支配自己的行为。这种自由感不是凭空产生的，其中，很大一部分来自童年时期对自由支配时间的体验。但遗憾的是，现在城市独生子女每日可支配的自由时间只有 68 分钟。这说明我们没有给独生子女足够的可自由利用的时间。相反，我们却用功课和其他有关学习的活动占满了孩子的时间。

自由支配时间，还意味着儿童具有了热情的实现自我、用创造性的方法表达自我的机会。剥夺儿童的自由支配时间，实际上是在剥夺儿童成长和发展的机会。对城市独生子女的调查表明，有更多自由支配时间的独生子女，自信心更强，并且比自由时间较少的孩子有更强的成功需要。因此，父母们应转变观念，帮助孩子有效地利用时间，发现生活乐趣，展示自己的才华，让孩子成长为具有健康人格的人。

怎样给孩子自由支配的时间，让孩子享受自由的乐趣？

（1）每天给孩子留出可支配的时间。一些父母总怕孩子的时间空下来，当孩子写完作业以后，马上给他安排了画画，刚画完画，又安排了学外语，外语学完了还有钢琴。这样做的结果，是使孩子没有了自己的意志和想法，几乎成了一个机器人，在大人的紧张安排下失去了自我，以至于越来越懒散、麻木和消极。

（2）学习时间和玩乐时间要分开。有的父母总是埋怨孩子写作业太磨蹭，边写边玩，却不知道这些坏习惯可能正是自己给孩子养成的。因为父母经常无限地给孩子加压，使孩子没有玩的时间，复习了这科又复习那科，都复习完了以后还要做些高难的题目，这样做不仅使孩子对所学的科目厌烦，而且容易使孩子养成磨蹭的坏习惯。孩子没有自己可支配的时间，只好采取迂回的办法，以争取可玩的时间。

（3）不能让自由成为一匹脱缰的野马。自由是需要的，每一个人都需要自由，每一个孩子也需要自由，没有自由就不可能有创新，就不可能有身心充分的发展。但是自由不是无边无际的，自由是要受到一些制约的。父母有责任告诉孩子有些事情是危险的，规则是要遵守的。

给孩子自由，但不能够让孩子随意地滑向任何一个方向，一定要给他立下警示标，此路不通，这个办法不行，必须要怎么样。因为任何自由都应该和责任相对应，责任、权利统一，有自由就有义务，有义务你就享有自由，所以希望每个家庭要给孩子确立一些家规。

　　游戏是儿童认识世界的途径，他们生活在这个世界里，并负有改造它的使命。

——高尔基

第五章

给孩子的挫折教育

在日本，一些家庭利用"挫折教育"手段，从小就培养孩子的吃苦能力。每到冬天，他们就让幼儿赤身裸体地在风雪中摸爬滚打。天寒地冻，北风怒吼，不少幼儿嘴唇冻得发紫，浑身发抖，父母们则站在一旁，置之不理。他们还提倡"穷留学之风"，让富裕的大城市学生，到偏远的山区、村寨接受艰苦的生活训练，其目的就是要培养孩子吃苦耐劳的精神和坚忍不拔的毅力。

给孩子犯错的权利

有一对旅居加拿大的夫妇，在他们全家"归国"小住时，曾聊到教育孩子的话题，他们讲述了自己的一次经历：

自从他们的儿子进了足球队，夫妇俩便随着他转战各地打比赛。这之中有捧回冠军奖杯的辉煌，也有败走麦城的沮丧，个中滋味，不亲身经历是无法体会的。儿子所在的足球队有个传统，就是比赛结束的时候，家长们要站成一排，伸手跟跑过来的小队员击掌庆贺。

在一次很重要的足球联赛中，他们队出人意料地输给一个水平不高的对手，家长们都很难过。可一旦面对孩子们，刚才还在为输掉比赛而捶胸顿足的家长立刻笑容满面地跟垂头丧气的小队员击掌庆贺：干得好！

一场本该赢的比赛打成这个样子还说干得好？当夫妇俩痛心疾首地向同队一位家长表达惋惜之情时，那位加拿大家长耸耸肩说："没关系，他们还是孩子，从这场比赛可以学到很多东西。我很在乎孩子的成功，但我也尊重孩子失败的权利。"

在生活中，家长常忍不住为孩子的错误和失败担心、着急，害怕孩子下次再犯，总是警告孩子："你到底要这样失败多少次？"可家长是否想过，在给孩子"不许失败"的压力时，他的心理负担会更重，情绪也会一直处于紧张状态，不但不能够从失败的状态中走出来，甚至可能更糟。孩子失败了，但是他获得了"痛苦的体验"，将来就知道如何去避免，同时也有了挑战困难的契机。孩子从失败走向成功的过程，就是一个锻炼自身、慢慢成熟的过程，良好的心理素质和解决问题的能力会在这个过程中培养出来。

尊重成长中的孩子失败的权利是西方文化中极具人情味的一部分，我们

129

很多家长一直没有意识到这对孩子成长的重要性，往往不厌其烦地嘱咐孩子只许成功，不许失败。这样的心情可以理解，但对孩子无益。孩子没有生活的阅历与经验，还处在人生中最初的摸索阶段，允许孩子失败，就等于给了他锻炼意志力、增加阅历的机会。

家长不允许孩子失败，是因为只看到了失败带来的痛苦的一面，却忽略了失败的价值和意义。当我们为孩子没有达到要求动辄辱骂时，别忘了孩子还在成长，上帝给了他失败的权利。回首人生，谁不是在磕磕绊绊中走过来的？尊重孩子失败的权利，就是对孩子终将成功的信任，而这种信任，将是孩子战胜失败的勇气和动力！

在生活中要给孩子失败的机会。俗语说："不如意事常八九"，每个人的一生，都不可能是一帆风顺的，免不了失意与困惑，对于这种种不尽如人意的事情，不要埋怨孩子，要给他一次体验失败的机会。

受到挫折的孩子，就会陷于困境之中。此时，要及时去疏导孩子的心理，告诉孩子在困难面前，要靠自己重新站起来。鼓励孩子要有不断战胜失败的勇气，不要遇到一次失败就失去信心，要让他们懂得失败乃成功之母。要引导孩子在面对失败时以积极的态度处之，不要以消极、悲观、失望的态度来面对失败，只有不被沮丧所屈服，不被矛盾所左右，才能走出失败，获得成功。

教子箴言

失败对我们是有好处的，我们得祝福灾难，我们是灾难之子。

——罗曼·罗兰

提高孩子抗挫折的能力

"妈妈，你看，彩虹！"

"美吗？"

"美！"

"宝贝，你知道吗？彩虹其实就是阳光。"

"阳光？我们平时见到的阳光，为啥没有这么美呢？"

"因为在雨后，空中留存的雨雾把阳光折射了，从而产生了七彩的光芒。这阳光的折射，就像人生的挫折，折射使阳光美丽起来，挫折也会使人生美丽起来。"

"妈妈，我知道了，彩虹就是受了挫折的阳光。"

关于挫折教育，早在远古时代就已经开始了。在一些原始部族里，少年男子如果想拥有成年人的权利，被社会所接纳，必须要通过一次优胜劣汰的近乎残酷的考验；大人们把这些男孩放到一个没有人烟的、野兽经常出没的恶劣困境中，让他们品尝孤独和挫折的滋味，学会面对和战胜各种困难。只有经过千辛万苦奋力挣扎返回部族居住地的男孩，才能被证明已是个成年人，是个真正的男子汉，他才能享有成年人的一切权利。这种考验可视为人类早期挫折教育的雏形。当然，这种以生命为代价的挫折教育，不免有些惨无人道。现代社会里，尤其是一些发达国家，由于物质生活条件优越，就更加重视对下一代进行挫折教育。

比如在日本，孩子走路摔倒时，父母从不去扶他起来，而中国的孩子跌个跟头，碰破点皮好像就不得了，家长赶紧把孩子扶起来，还要对不会说话的门槛、地面发一顿火，狠狠地敲打几下，以此来哄孩子，结果导致孩子长大后，一是犯了错误往往嫁祸于人，二是经受不了失败的挫折，产生的心理问题也比较多。

曾经有过这样一篇报道：

偏远地区有一个女生，学习特别好，人称"三脑袋"，物理、数学、化学都能考满分。她的父母非让她报考全国顶尖大学不可，她不想去，可父母逼着她去，让她为祖宗增光。她违心地去了那所大学，在入学后的考试中，她的成绩列为第18名。这样的结果她这位当地的"状元"哪能承受得了！妈妈在学校陪了她一个月，妈妈刚离开，她就跳楼自杀了。妈妈闻讯赶回学校，哭干了眼泪，一声一声地喊着："是我害了我的女儿！我当初不逼她，也不至于到这个地步啊！"

请问一下家长，如果这是你的孩子，你怎样对待？且不说孩子承受力如何低，抗挫折能力如何缺乏，单说家长的一生心血，不都付诸东流了吗？为了孩子能够出人头地，家长真是操碎了心，什么事情都替孩子想好、办好，甚至把孩子将来的前途都设计好了。但活生生的现实向我们发问：你的那些设想和做法，符合社会的需要和孩子成长的规律吗？即使什么都替孩子打点好了，你也不能管孩子的一生。

世界上最长的路是人生之路。人生路上，每一个人都有着自己的使命。那么，父母的使命是什么呢？做孩子的知心朋友，陪孩子走一程。显然，培养孩子抗挫折能力、承受能力是十分重要的。近年来，日本比较流行的做法是，定期向孩子供应清汤萝卜、粟粒煮成的"饥馑午餐"，目的是让他们了解父辈的艰苦生活。日本一些有钱的家庭还专门花钱让孩子到中国来参加夏令营活动，让孩子背着很沉重的背包，到草原上走一走，尝尝吃苦的滋味；他们有时还把孩子放在荒岛上，让孩子懂得什么叫饥饿，让他们学会自己生存。所以在日本孩子身上有一种不怕困难、坚忍不拔的韧劲，耐受力很强，孩子发了烧，自己想办法，不去找别人。因为从小家长就告诉他们，爱护身体是自己的事，自己的事要自己负责。

有一个城市人开车到郊外的田野上闲逛，除了有点想念老家，还想让儿子认认各种庄稼的叶子，能抓只螳螂什么的更好。没想到小男孩眼尖，扯着农民的衣襟喊了起来："伯伯，你看你不小心，把高粱的根锄断了！这儿，这儿，那一排也是。只连着一点儿，你是不是没戴眼镜看不清呀？"

农民直起腰，扶着锄头笑了。他对小男孩说："我不是看不清，我是故意锄断的。"转身问城市人："你也不懂吧？这叫晒根，说起来就是折磨它，把它两边的根锄断，晒在日头下。过些时候来培上土，高粱就开始疯长，拼命地朝下扎根。俺这儿是丘陵山区，一到夏天，风大雨大，高粱没有结实的根，根本站不住。"

看城市人一副恍然大悟的样子，农民又说："不光是高粱，小葱秧也是摆在地上晒几天，晒得蔫蔫的再栽，一沾水土，立马就活了过来，越发精神。"

人也是这样的，小时候不学会吃苦，长大了也脆弱，经不起风吹草动。风雨人生路，适当地晒晒孩子的根，很有必要。人生道路上既然困难、挫折没办法避免，那就只有加强磨难教育，增强孩子的抗挫折能力。怎样培养呢？

1. 引导孩子认识到，抗挫折能力的强弱，决定人一生成就的大小。"人有旦夕祸福，月有阴晴圆缺"，古往今来都是如此。没有人一生都是一帆风顺的，总会遇到不幸的事。所有为人类做出大贡献的伟人，都经历过无数次挫折，都有很强的抗挫折能力。

2. 把考试失利这一挫折当成机遇。当成什么机遇呢？当成磨炼自己意志的机遇，当成增长自己能力的机遇。

3. 在挫折面前要满怀信心。情绪不好时，不妨放开喉咙呼喊几声："我能成功！我能成功！我能成功！"面对挫折，决不退缩，决不半途而废，而应该千方百计去寻求新的解决问题的途径。

4. 在今后生活、学习中，凡是孩子自己能做的事，父母别包办代替。只有这样，孩子才会在克服困难中增长能力。

5. 早晨或晚间，培养孩子锻炼身体的习惯。在坚持锻炼中经受挫折，有意识地多磨炼他，每天早晨起来，督促他坚持跑步，不要心疼他。星期天、节假日，同他一起去远足，去爬山，在奔跑攀登中锻炼他们抗挫折能力。你还可以和儿子下棋，特别是下残局，不要轻易认输，这才有利于增强孩子抗挫折的能力。

 教子箴言

挫折教育并非只是让孩子过过苦日子，干点苦活，挫折教育的重点在于，培养孩子直面挫折的坚强品质。

——刘大伟

要舍得让孩子吃苦

现在许多孩子就像温室里的花朵一样，难以经受风吹雨打。其实这样的孩子很难适应未来"优胜劣汰"的残酷竞争，因此家长们在孩子小的时候，就要有意识地让他们吃点苦。中国的一些父母们，因为自己小时候吃了不少苦，因而打定主意坚决不让孩子再吃苦，他们总是千方百计地满足孩子，保护孩子。一些孩子甚至上了高中乃至大学还不会洗衣服，不会照顾自己，所有跟"吃苦"有关的事全由家长代劳，然而这样做有什么好处呢？只能培养出一些娇气、只会依赖父母、又吃不了苦的孩子。

一次夏令营，发生了这样一件事：按照计划，60 名孩子要长途步行 40 公里，途中自己做饭，搭帐篷，行程是 3 天。可在第一天上午，就有 6 个孩子哭着给家里打电话，抱怨说太艰苦了，要背着很重的包走那么远的路，而一个孩子则哭着非要爸爸马上来接他回去。结果到终点时，60 名孩子只剩下 37 个，其余的孩子都因为吃不了苦，中途放弃了。随团的一位医生感叹地说："现在的孩子太娇了，现在连这么一点儿苦都吃不了，以后到社会上怎么办啊？"

这样的担心并非没有道理，可一些家长仍在执迷不悟地"保护"孩子，生怕孩子受罪。然而，就在许多中国家长挖空心思地满足子女的各种要求时，美国人却千方百计地对他们的孩子进行"吃苦教育"。为了让孩子了解过去困难的日子，美国一家学校给孩子们做了"忆苦饭"，结果，孩子面对当年大人吃过的黑面包号啕大哭，拒食 3 天。校方毫不动摇，第 4 天，孩子们终于咽下了这顿忆苦饭……

塑造孩子的一生:

让孩子无忧无虑地成长

在美国的许多孤岛或森林里，人们常常可以看见美国小学生的身影。他们在没有老师带领的情况下，面对着既无水源又无淡水的可怕的自然界，安营扎寨，寻觅野果充饥，捡拾柴草，寻找水源，自己营救自己。一位孩子参加野营训练归来后，感慨地对老师说："我以前以为供我们享受的一切现代化设施都是本来就有的，荒岛的历险才使我明白，人生来两手空空，一切都是由劳动创造的。过去老师讲劳动光荣，我们没什么感觉，如今才真正理解了这个词的含义。"

美国的芭贝拉·罗斯说："父母必须让孩子知道，在成长的道路上，不可能是一帆风顺的。成功往往是与艰难困苦相伴而来的。"儿童教育学家们普遍接受的一种观点是：战胜生活中挫折和困难的勇气，是在童年时开始树立和发展的。因此为了孩子着想，父母们必须尽早对孩子进行吃苦教育，让他们自小受到艰难困苦的磨炼。有了吃苦精神，孩子们才能在未来的竞争中立于不败之地。

香港船王董浩云，是香港屈指可数的大富翁之一，虽是如此，他却对子女严格要求，不纵容、不娇生惯养。

董浩云共有两男三女五个孩子，按中国的传统观念，董浩云培养两个儿子成为管理家族事务的接班人是理所当然的事情，尤其长子董建华则是重点培养的对象。

事实的确如此，董建华的妹妹董建平说："父亲很早的时候便栽培大哥接管家族生意，因此对大哥的要求特别严格。在我们兄妹当中，除大哥外，其余都在香港的贵族学校上学，爸爸把大哥送进中文中学的目的是为了让大哥学好中文。"

后来董建华考入英国利物浦大学机械系。在利物浦大学学习期间，正值第二次中东战争爆发，董浩云的船队得到了空前扩张，成了拥有亿万资产的世界级船王。

随着父亲生意的做大，董建华也随之成了一名世界级的富家子弟。但是随着自己资产的不断扩大，董浩云对董建华的要求越来越严格了。

当时在欧美留学的富家子弟比比皆是，这些富家子弟常常比高级轿车、比出手大方、比穿着名贵，而董浩云则要求董建华不要参与攀比，把心思全部用在学习上。所以，董建华在英国学习期间，一直遵循了父亲的教导：自律、自好、自强。

董建华没有因为自己是船王的儿子而大搞特殊化，他与普通留学生一样，乘公共汽车或骑自行车往返于校园与宿舍之间，潜心攻读自己的学业。

董建华大学毕业后，很多人认为董浩云一定会安排儿子回香港进董家的海运王国执掌要职，帮助自己经营管理。

可出人意料的是，董浩云却要董建华去美国通用汽车公司打工，到公司的最基层去当一名普通员工。董浩云为什么要这样安排呢？通过董浩云与董建华之间的谈话，可以看出董浩云教子成材的良苦用心。

董浩云问儿子："建华，你能明白爸爸为什么要让你进'通用'吗？"

董建华回答："我明白，因为'通用'是全球最大的汽车公司，尤其是'通用'的现代企业管理方式，我想也一定能适用于我们这个国际型的航运企业。我相信，我在'通用'可以学到许多有用的东西。"

董浩云虽然肯定了儿子的观点，但仍然觉得他理解不深。董浩云说："建华，你的理解是正确的，我并不怀疑你是一个有理想的人，但有一点我必须提出来，就是你一定要刻苦，这也正是我所担心的。你不要有依靠思想，必须自己主动去找苦吃，勤奋工作，磨炼自己的意志，接受生存压力的挑战，所以你必须全面锻炼自己，从最底层做起。自己先当一名普通的员工，日后才能明白应该怎样对待你下面的职员。一定要记住，这是难得的学习机会，只有充分地学习别人的经验，才能为将来开创新的事业打下良好的基础。"董建华听从父亲的安排，在美国勤勤恳恳干了4年。董浩云虽然富可敌国，却对子女要求更加严格，不敢有一丝一毫的放纵。因为他知道创业容易，守业艰难。如果自己的孩子没有顽强的意志，没有吃苦耐劳的精神，就很难把事业发扬光大。

为了让孩子在将来少吃苦头，在孩子成长过程中，家长不妨适当让孩子吃些苦，培养孩子的意志和毅力，让他们将来能够适应充满竞争的社会。

教子箴言

正确教育子女的方法，我认为最主要的应该是爱和严相结合。在生活上既要给予子女适当的父母之爱，在政治上又要严格要求他们，特别要舍得让他们到艰苦环境中去锻炼，在风雨中成长。这才是真正的爱。只有这样才能锻炼成人才，成为真正有作为的人。

——吴玉章

锻炼孩子的忍耐力

"奶奶，我要吃糖。"非非拽着奶奶的胳膊，噘着小嘴撒娇。

"非非乖，等奶奶洗完这件衣服就给非非拿。"

"不行嘛，我现在就要。"

非非继续缠着奶奶。奶奶动作稍微慢了点，非非一屁股坐到地板上，大声哭闹起来。奶奶慌忙扔了手里的活计，甚至来不及好好洗洗手，便脚不沾地跑去帮非非拿糖。

对于非非来说，等待是一件让人无法忍受的事情。在长期与奶奶打交道的过程中，她学会了使用哭闹这一招有效地对付奶奶。她知道，她哭闹得越厉害，她的愿望就越能在更短的时间里得到满足。非非的这一杀手锏确实很管用，奶奶果然不敢怠慢了。为了防止非非无休无止地哭闹，对于她的要求，不管有多不合理，奶奶都会在尽可能短的时间里满足。

"我一秒钟都不能等。"非非说到做到。她的毫无耐性令奶奶十分苦恼，但一点儿办法也没有。

在生活中还会经常发现这样的情况：孩子还没把面前的食物吃完，便迫不及待地嚷着要吃另一些食物；在游乐场看到滑梯，无视小朋友排队轮候，硬要抢先去玩；上兴趣班，发现自己怎样也无法做好，就随便放弃，不再坚持；当欲望未能及时被满足时，就立即发脾气，甚至情绪失控……如此种种，都是孩子缺乏耐性的常见表现。

事实上，孩子的忍耐力，与其年龄是成反比的。然而，"耐性"这种特质，却必须从小开始培养，否则孩子长大后，他的表现，就很难再符合家长的期望了。家长不能就耐性这一问题，突然对孩子提出要求，孩子从来不曾有过这方面的意识，当然也就无法立即做到。因此，建议家长应在幼儿至小学阶段，便开始着力培养孩子的忍耐力、耐性及坚毅能力。

如果孩子无法在小时候得到正确的"耐性"教育，长大后就要承受缺少耐性所造成的恶果。最明显的是，孩子会变得霸道，无法遵守社会规范，凡事以自我为中心。此外，孩子容易被自己的情绪牵制，当事情不符合心意时，无法忍受，不能静心思考解决问题的方法，承受不起挫折，甚至可能对自己没有任何要求，生活欠缺目标，进而影响社会交往。

1. 培养孩子的忍耐力要从小开始

哭闹是孩子寻求帮助的一种信号。通常的情况是，孩子稍一哭闹，爸爸妈妈便赶着救火般地提供服务。其结果是，孩子越来越不乖，越来越难带。事实上，培养孩子的忍耐力应该从小开始。很多人都可能对这种观点产生疑问，从小开始培养孩子的忍耐力会不会太残酷？其实，这是一种多余的忧虑。当然对于很小的孩子，忍耐的时间一定得控制在相对比较短的时间里，最多两三分钟，或者更短的时间。这得视孩子和实际情况而定。只要不是特别紧急的情况，就可以着手开始训练计划了。一开始，不要太性急，在孩子哭闹几声后可以立刻满足他的要求，然后逐渐将这种时间延长，让孩子一点点习惯。

需要注意的是，你的目的是让孩子学会忍耐，因此，需要通过你的行动传达给孩子这样一条信息：不管我们反映快速还是迟缓，他的需要总会得到满足。这样就可以在你与孩子之间建立一种彼此信任的关系，并足以鼓励孩子下次能等待更长的时间。

要让孩子确信你不会忽视他，可以一边跟他说话，一边强迫自己等待一小会儿。需要牢记的一点是，对于许多孩子来说，他总是以自我为中心，他习惯于把自己的需要放在首要位置，因而他的忍耐是非常有限度的。因此，我们应该掌握时间，在他的哭闹升级之前及时满足他的需求。

每当孩子急不可待要做某件事情时，我们可以通过以下的方法帮助他理解他实现愿望的具体时限。比如："我知道你饿了，等我们看完这个故事，饭就熟了。你的肚子就可以填饱了。""你看看，这里有8个苹果，我们每天晚上吃一个，等到8个苹果吃完，你的生日就到了。"类似这样的辅助孩子认识时间的方法，可以有效地帮助他学会耐心地等待，而不是靠发脾气来消磨时间。

孩子总是习惯以自我为中心。他不太懂得照顾别人的情绪，并且，其需求指向是他的监护人，因此，爸爸妈妈对他的照顾、赞许与温情成了他依赖的重要内容。孩子随着年龄的增长，会变得比较敏感，如果他提出要求，而你没有反应，那么孩子可能感到很困惑，他甚至会怀疑你是不是还爱他。因为这些疑虑，你的没反应可能使他感到很焦虑。这是很正常的一种现象，因此，一旦孩子向你表达他的需求，你一定要及时做出反应，冷淡孩子是绝对不应该采取的方式。可以通过给孩子一个限定的时间段来帮助孩子学会忍耐。当孩子向你提出要求时，你应该马上做出反应，向孩子说明不能马上满足他要求的原因，并且给他一个可以接受的忍耐期限，而不是冷淡地处置一切。例如："等我喝完这杯咖啡，我们就去买玩具。"当然也可以采取别的方式提醒孩子他需要等待的时间，比如给他一个小闹钟，让他搭好一堆积木，让他穿好一串珠子等等。宗旨是既要让孩子学会忍耐，也要让他觉得没有受到冷遇。等孩子习惯了这一切，即便很着急，他也会学着干完手头的事情或等待你干完手头的事情再提出要求。

2. 和孩子一起做耐力训练

要对孩子进行耐力培养，家长应先了解孩子的能力和性格。孩子平时是否脾气特别暴躁？情绪表现如何？在进行耐力培养过程中，家长不可对孩子期望过高，否则很容易引起冲突：家长可能会觉得孩子不听话，一时冲动，打骂孩子，最终只会破坏亲子关系。所以说，在培养孩子的耐性过程中，以身作则也十分重要。如果家长本身就是急性子，就很难去培养孩子的耐性。

在培养孩子耐性的过程中，家长不妨采用以下方法：

（1）游戏中锻炼专注力

专注力是忍耐力的基础，如果孩子的专注力好，自然容易有耐性。父母可多与孩子进行一些有助提高专注力的游戏，例如"找不同""找出错"、砌图游戏，甚至简单地聆听故事，让小朋友集中注意力，长时间地专注做某一件事。

（2）达到目标有奖赏

孩子拥有目标，做事自然有毅力。当孩子渴望得到某些东西，家长可要求他先达到某些目标，作为正面回报。举例说，孩子为画一幅画付出了努力，就奖励他一件玩具。孩子愈大，要求也就可以更加复杂一点，最重要是所定下的目标，必须是清楚、明确及合理的。此外，不妨善用"奖励卡"或"奖励贴纸"这些小道具，让孩子容易掌握自己的努力成果。

（3）多参与挑战活动

孩子的兴趣愈广泛，就愈容易磨炼出个人耐力。其实，要培养个人耐性，关键就在于建立延迟满足欲望的能力，而在这一过程中，若时间和精力容易消磨，情绪也不会容易波动，耐性自然也就建立起来了。因此，家长不妨安排孩子多参与一些不同类型的兴趣活动。

（4）建立跳跃可达到的目标

家长可选择一些孩子当下做不到，但本身有能力做到的事情，引导他完成，不要随便让他轻言放弃。与孩子一同定下目标，帮助他不断尝试挑战自己，建立进取之心，例如每星期练习踩单车两次。此外，亦可安排孩子多参加一些"自我挑战"活动，如军训、历奇训练、野外定向等，磨炼个人意志及耐性。

教子箴言

父母必须让孩子知道，在成长的道路上，不可能是一帆风顺的。成功往往是与艰难困苦、坎坷挫折相伴而来的。

——芭贝拉·罗斯

培养孩子的意志力

意志是人们为了实现预定的目的而自觉调节自己的行动，克服困难，以实现目的的心理过程。意志在学习和智力活动中起着十分重要的作用，它可以促使孩子在学习中克服困难，排除干扰，向既定目标前进。因此，积极的意志品质如自觉、果断、自制、顽强等就会促进一个人智力的发展，而消极的意志品质如依赖、犹豫、执拗等，则会阻碍其智力的发展。

一位母亲被他 18 岁的孩子伤透了心，她不得不去找儿童专家。专家问，孩子第一次系鞋带的时候打了个死结，你是不是不再给他买带鞋带的鞋子？那位母亲点点头。专家又问，孩子第一次洗碗的时候，弄湿了衣服，你是不是不再让他洗碗了？那位母亲称"是"。专家接着说，孩子第一次整理自己的床铺，整整用了一个小时，你嫌他笨手笨脚，对吗？那位母亲惊愕地看了专家一眼。专家又说道，孩子大学毕业去找工作，你又动用了自己的关系和权力？这位母亲更惊愕了，从椅子上站起来，凑近专家说，你怎么知道的？专家说从那根鞋带知道的。

在孩子成长的道路上，存在着一个非常温柔的陷阱，这是那些过分庇护孩子的父母亲手挖掘的。掉进陷阱里的孩子，由于被剥夺了犯错误和改正错误的机会，从而也失去了长大成人的权利。

现今的家庭由于一般都是独生子女，家长大都溺爱自己的孩子，只重视观察力、想象力、创造力、记忆力等显性能力的培养，却忽视了意志力、自信心等潜在能力的培养，而这些恰是提高显性能力的必要保证。家长只有有意识地为孩子创造一些失败的机会，磨炼孩子的意志力，才能让孩子在提高学习能力的过程中有所悟、有所得。

如果孩子的意志发展水平比较低，往往不能很好地控制自己的行为，做事情大多受兴趣、好奇心、理解能力的限制，易在困难面前畏缩退让，半途而废。针对这些情况，家长可以有意识地在日常生活中培养孩子的意志。

1. 引导孩子制定目标

家长应该指导和帮助孩子制定短暂和长远的目标，使孩子有努力方向。孩子心中有了目标，有了"盼头"，他就会为实现目标而去努力，表现出坚毅、顽强和勇气。但目标一定要恰当，应该使孩子明白这目标不经过努力是达不到的，但稍经努力便能达到。太难或太易达到的目标都不能使孩子的意志得到锻炼。另外，目标如果是合理的，那就应当要求孩子坚决执行，直到实现为止，不可迁就，更不能半途而废。

2. 引导孩子独立活动

应尽可能让孩子独立活动，如让孩子自己穿衣，自己收拾玩具，自己完成作业，等等。孩子在进行这些活动时，要克服外部困难和内部障碍，他正是在克服这些困难过程中，使意志得到锻炼。倘若孩子不能完成这些活动，也不必急忙去帮助，而就该"先等一会儿"，让他自己克服困难去解决。当他战胜了困难，达到了目的，会显示出一种经过努力终于胜利的满足感。在这个过程中，孩子克服困难的勇气和信心也就随之增强。

美国前总统罗斯福十分注重培养孩子们的独立、自强人格。他有句名言："在儿子面前我不是总统只是父亲。"他反对孩子们依靠父母过寄生生活，而让孩子们凭自己的能力自食其力。

他的大儿子詹姆斯20岁去欧洲旅行时，临回来前买了一匹好马想带回来，但没有了路费，打电报向父亲求援。

父亲回电话说："你和你的马游泳回来吧！"儿子只好卖掉了马，筹措路费回家。

可见，每一位父母应该让孩子从小就明白，父母只是孩子的领路人，而不是永远的靠山。遇到问题，应该自己去解决，而不应该把问题留给父母。只有本着这样的处事原则，孩子才会自立自强，勇敢面对成长道路中遇到的困难。

3. 自我控制法

孩子的意志品质是在成人严格要求下养成的，也是他们在日常生活中经常自我控制的结果。家长应经常启发孩子加强自我控制。自我鼓励、自我禁止、自我命令以及自我暗示等都是意志锻炼的好形式。比如，当孩子感到很难开始行动时，可让他自己数"三、二、一……"，或自己给自己下命令："大胆些!""不要怕!""再坚持一下!"等。

4. 表扬法

赞扬、鼓励可以鼓舞勇气，提高信心，有利于意志的锻炼。对孩子在活动中表现出来的意志努力和取得的点滴进步，家长要适时、适度地给予肯定和赞许。在孩子完不成计划时，家长要进行具体分析，切不可说："我就知道你完不成任务"，"我早就说你没长性"等丧气话。否则，只能使孩子一次次增加挫折感，而最终失去自信心。

最后，要提醒父母注意的是，人的意志品质与性格特征有着一定的关系。因此家长在培养孩子意志力时，还应该充分考虑孩子的不同心理特点。对性格内向的孩子应加强果断性和灵活性的锻炼，培养他大胆、勇敢、坚毅的意志品质。对外向型的孩子则应加强培养他们的自制力，同时有意识地培养他们的忍耐、沉着、克制的品质。

教子箴言

伟大人物的最明显的标志，就是他坚强的意志，不管环境变换到何种地步，他的初衷与希望仍不会有丝毫的改变，而终于克服障碍，以达到期望的目的。

——爱迪生

培养孩子的生存能力

　　国外将教育的发展方向定为：让孩子拥有"生存能力"和"轻松宽裕"。"学会生存"是始于 20 世纪 70 年代的国际教育思潮，其主旨是培养孩子适应社会的能力，并强调了教育必须满足社会需求。因此，教育的重点要从以往的传授知识转移到培养能力上去。

　　在澳大利亚，有钱人家的孩子一般从小就被家长送去学开船，教练常常把船泊在浅滩上，船底船身难免会沾满沙子。猫头的工作就是用抹布、清水把它们清洗干净。11 岁那年，他趴在船身上，在太阳下一天干上 6 个小时，整整干了一个暑假，他妈妈也不会因心疼而阻拦。因为在她的观念里，猫头有权也有能力安排自己的时间。鱼生那阵子上课时老打盹儿，问他原因，他自豪地说："我每周四上午 5 点到 7 点在我家的街区送报纸，一次可以挣 14 块钱！"班上其他男孩羡慕不已。

　　以中国家长的心态去考虑，我们是绝不会允许这类事情发生的：让孩子到浅滩擦船，出了意外怎么办？为了挣 14 块钱上课打盹儿，学不好功课怎么办？而澳大利亚的家长们却不这样想，他们认为培养孩子的能力最重要，而不是看重孩子学了多少具体知识。

　　澳大利亚的孩子们都特别能忍耐，他们从小被教育：身上不舒服可以告诉家长去看医生，但不可以没完没了地抱怨、呻吟，抱怨是没出息的表现。冬天里女生们都清一色穿裙装校服，小男生则穿短裤西装。即使是星期天，家长也不给孩子们穿厚衣服，他们仍是一副短装打扮在公园的草地上跑来跑去。澳大利亚家长希望他们的孩子长大后敢做敢当，有能力，同时还要有从小锻炼出来的不怕寒冷、饥饿、劳累的健壮的身体。而我们国内大多数父母的做法则多少显得有些"非理性",比如我们身边经常会发生这样的事情:孩子在前面跑,家长在后面追。干什么?——喂饭。跑在前面的孩子玩玩这个,玩玩那个,后面的人不停地说:"宝贝,再吃一口。"

4岁的孩子有一天突然心血来潮想擦地板,妈妈赶忙阻拦:"不用,不用。你还小,就算长大了这些事情也不用你干。"

家长对着孩子大声谩骂:"语文、数学成绩不好,唱歌好,体育好有什么用!你真是不务正业!以后不许再出去疯了,好好在家学习。"

像这样的例子我们太熟悉了,真是举不胜举啊!

造成这些家教问题的原因主要有:

1. 家长不能把孩子摆放在恰当的位置,许多孩子在家里的地位是"小皇帝""小太阳"。

2. 家长对子女的期望过高,许多家长往往对孩子提一些不切实际的要求。

3. 不能全面关心子女的成长,特别是:重视子女的营养,忽视身体锻炼;重视物质生活,忽视精神需求;过分照顾孩子,忽视培养孩子的自立意识、自立能力,特别是抗挫折的心理承受能力。

我们的家长对孩子的语言表达能力、阅读能力等基本智力能力的发展非常重视,却忽视了人的基本能力——生存能力的培养,可这些被"不小心"忽略的能力,却是孩子一生成长中最重要的能力。

那么,家长应如何培养孩子的生存能力呢?

1. 家长要明了,孩子是独立的个体,有自己的主张,想做什么事就让他们去做(只要不犯法)。想擦地板,没关系啊,让他擦,顺便教他方法、给予表扬……

2. 对子女的要求应该从实际出发,尊重引导孩子的兴趣,尽量让他们发挥最大的潜能。

3. 教孩子学会知难而进。据报载，日本的孩子走路摔倒了，多数不哭，因为从小受到的教育是严格的，孩子刚要哭，家长就说："站起来，往前走，以后走路要小心。"孩子就是在这一次又一次摔倒，一次又一次自己爬起来的过程中，学会了拼搏，学会了知难而进，这为他们日后的发展奠定了良好的基础。而中国孩子摔倒了，孩子并没有哭，可家长跑过去又是问疼不疼，又是用手揉，反倒把孩子眼泪给揉出来了。对此，我们的家长作何感想呢？

4. 全面关心孩子的成长，要智慧地引导，绝不能无原则地溺爱。孩子自小就得养成"自己的事情自己做"，孩子不想吃，就不勉强吃（肚子饿了他自己会吃）。特别是孩子摔倒了（没有受伤），千万不要去扶。美国人教育孩子有这样一段话，"只有让孩子撞破头的时候，他才会真实地感觉到墙是硬的，否则，他永远摸不透墙的脾气。当然，在他撞墙之前，父母的职责是一定要提醒他墙是硬的，否则就是失职！"

5. 教孩子走向社会。社会在变革，知识在更新，新的时代要求我们把孩子培养成为思维最灵敏、判断最准确、主意最巧妙的智人，只有这样我们的孩子长大后才能成为灵活自如的驾驭时代的人，未来的社会最需要的是既有知识又有智能的人。我们教育孩子一定要有超前意识，从儿童期就应有意识培养孩子的生活经验和安全意识，告诉孩子"善"与"恶"。在生活中应有意识锻炼孩子的应变能力，独立处理危机情况的能力，保护自己的能力，这些都是日后成才必备的素质。

教子箴言

应该强调，不严肃认真的教育，有许多隐患。父母使自己的子女享福太早，是不聪明的。

——雨果

第六章

让孩子与坏习惯"过招"

孩子总归是孩子，身上或多或少都有这样或那样的毛病。作为父母，你是怎样帮助孩子改正坏习惯的？既然已成习惯，肯定比较顽固。对于孩子的好习惯要强化，对于坏习惯则要弱化，当遇到孩子不好的行为时，不要打骂，这样反而会起到强化的作用，你可以提醒孩子，或者吸引孩子的注意力，久而久之，促使其改正。

鼓励孩子克服紧张

张女士的孩子快考试了，她怕孩子会因为紧张而影响成绩，于是心里非常不安。她反复告诉孩子"不要紧张，千万不要紧张"，每天都叮嘱孩子"快去复习，别玩了""注意身体，别感冒了!"在孩子复习的时候，她忙着帮孩子查资料、找例题、检查练习。最后，孩子对她说："我本来不紧张，被你这么整天唠叨着，反而紧张了!"听了孩子的话，张女士一下蒙了。

面对考试或比赛，每个孩子都会有一些压力和紧张情绪，有时甚至会因为紧张而影响发挥，陷入"学得好考不好"的怪圈。作为父母，为孩子分忧解难的心情可以理解，但是不能把"弦"绷得太紧，这样只会增加紧张气氛，让孩子压力更大。

在孩子考试或比赛之前，父母不仅要让孩子拥有一个宽松的环境，也应该关注一下自己的心理健康，别嘴里说着不紧张，行为中却处处透露着紧张，以致影响了孩子的考试或比赛。

明智的父母要从赏识孩子的角度出发，积极地鼓励和安慰孩子，通过对孩子的赏识和鼓励，让孩子树立"只要努力，我一定能考好"的信念，缓解孩子的压力，增强孩子的自信心，让孩子尽快从紧张情绪中走出来，从容面对考试。

小武要参加运动会了，这是他第一次参加运动会，他报的项目是跳远。赛前的几天，小武很紧张，连做梦都在"跳远"。

早晨起来，爸爸问小武："快开运动会了，你做好准备了吗?"

"这需要做什么准备吗?"小武疑惑地问爸爸。

"那当然啊，只有做好了准备，比赛的时候才不紧张，你现在紧张吗?"

"紧张，我怕自己跳不好，同学们会看不起我的!"小武说。

"不用担心，让爸爸教你几招，保证你跳出好成绩，爸爸以前可是跳远运动员呢。"

"好啊，那你快教我吧!"小武拉着爸爸的胳膊，着急地说。

"好吧，首先你要有信心，'其他同学都不如你跳得远，你才是最棒的!'然后呢，这几天你要多做运动，把身体活动开，到时候才能跳得更远；另外，你应该先在沙坑练习跳一跳，熟悉一下场地环境，这样到比赛的时候就不会感到陌生了。最后再告诉你一个方法，那就是要把助跑的步子量好，你可以从起跳线往回跑，在速度最快的时候停下，并记下那个位置，下次助跑的时候就从那个地方起跑。你按爸爸说的试一试，如果不明白再来问我，好吗?"爸爸耐心地说道。

"好的。可是如果我都按你说的做了，到时候还是跳不好，那该怎么办呢?"

"不用担心，相信你一定能拿到满意的成绩，即使今年拿不到好成绩，明年还可以再比，到时候还可以拿冠军!"爸爸把手放在小武的肩膀上，认真地说道。

"嗯，我明白了，我一定会按爸爸说的做!"

果然，小武按爸爸说的练习了几天，信心越来越足。在几天之后的比赛中，小武跳得非常棒，还获得了第一名。

当孩子紧张不安的时候，父母要以身作则，冷静面对孩子的焦虑，帮助孩子分析所面临的形势和困难，给孩子一些赏识和指导，让他明白，胜败乃兵家之常事，即使失败，父母还会一如既往地爱他、支持他。这样，可以让孩子正确面对考验，以积极的心态迎接挑战。

同时，要给孩子一个宽松的环境，不要对孩子提过高或过严格的要求，要允许孩子出现失误，并对他的失误表现出宽容，这样不仅可以缓解孩子的紧张情绪，而且可以更加坚定孩子的信心。

当孩子面临考试或比赛出现紧张情绪时，家长应该给孩子充分的赏识和鼓励。告诉孩子："只要努力，就一定会取得满意的成绩，我们相信你！"

如果孩子担心自己考不好，你可以说："不要担心，以平常心面对，即使这次考不好，下次还有机会！"

当孩子缺乏必要的准备时，应该给予孩子适当的帮助和指导，让孩子有更充分的准备。你可以说："孩子，让我来教你几招！"

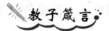

习惯不是最好的仆人，便是最坏的陌生人。

——爱默生

孩子懒惰怎么办

　　孩子绝非生来就懒惰的。如果你的孩子懒惰的话，可以肯定是某方面出了问题。而可能导致孩子懒惰的原因只有一个：缺乏积极性。懒惰的孩子通常是消极的。消极的孩子害怕失败，因此，为了避免失败，他们总是习惯依靠别人而很少亲自动手做任何事。

　　小明是家里的独生子，从小父母就帮他打理好一切，很少让他自己做什么。到了可以自理的年纪时，他还是吵着让父母给他喂饭、穿衣、买零食等。爸爸妈妈出于对小明的爱，一次又一次地满足他，更别说让他干点儿家务活了。谁知，这样就导致小明失去了一些可以独立处理事务的机会。现在小明已经上小学了，却很懒，什么都不想做。做作业总是拖拖拉拉、偷工减料不说，一到劳动时就想方设法偷懒，怕吃苦，不愿动弹。他说自己也不知道为什么会这样，父母更是拿他没办法，批评、体罚都没用，父母觉得很无奈。

　　一、造成孩子懒惰的原因

　　随着家庭环境与社会环境的不断提高，许多孩子从很多方面表现出来的懒惰思想令人担忧。懒惰是一种好逸恶劳，不思进取，缺少责任心，缺乏时间观念的心理表现。在父母的眼里，孩子从小懒惰是个危险信号，其实，这些不能说明孩子"懒"，可能与孩子的天生气质有关，也可能是家长教育方式出现偏差，没有给孩子适时的锻炼机会，导致了孩子生活自理能力差、适应能力差等。造成孩子懒惰的因素有很多，所以我们不能一味指责孩子。

　　1. 父母不当的教养方式

　　孩子的懒惰的形成，与家长的教育方式也有一定的关系，客观上说，家长的过分溺爱是造成孩子惰性心理的因素之一。孩子年幼的时候,家长怕孩子做不好事情,对家务及孩子应该承担的责任大包大揽,除了会导致孩子的生活自理能力差之外,还会产生强烈的依赖心理,不但使孩子失去了做事的兴趣,而且会对别人为自己做事习以为常,有些家长本身就存在这样的思想:"你只要好好学习就好了,别的什么都不用管。"孩子可能甚至会从内心里贬低劳动,什么都不愿干,什么都干不好,在家时如此,在学校也是如此。

2. 孩子不良的个性特征

(1)依赖心理。如今的独生子女有严重的依赖性,什么事情都要靠父母,没有主见,缺乏独立性,这种依赖性就是导致懒惰的主要原因。在家里,"反正妈妈会喊我起来""反正我不做作业爸爸也会催我";在学校,"反正我不回答,总有别人会说出正确答案""反正作业不会做可以抄同学的完成任务"。这种依赖别人的惰性心理只会使能力减退,思维变得越来越迟钝,遇到难题就真的不会做了。

(2)畏难情绪。缺乏克服困难的毅力和恒心,有过失败和被人否定的经验,所以做事情没信心,对自己持怀疑态度。对父母要求做的事情和自己应该做的事情能躲就躲,能藏就藏,就连自己原来最愿意做的事情要是产生了畏难情绪,也没有信心做好。长期下去就使孩子养成懒惰的习惯,不想接受挑战面对困难。

(3)缺乏上进心。上进心是前进的动力,缺乏上进心的孩子容易满足,对自己要求不高,得过且过的思想严重,做事不求质量,作业马虎潦草,不愿改正错题,常抱着"应付"和"混过去就行"的不负责任的态度。而这种缺乏上进心的表现必然导致懒惰现象的产生。

3. 父母不良榜样的影响

家长的行为直接潜移默化地影响孩子的行为。有些父母在家除了管吃管喝以外,对孩子其他的事情不闻不问。家长的这种偷懒行为不正是孩子的写照吗?另外,有些家长本身就缺少时间观念,没有勤劳的习惯和雷厉风行、果断利落的作风。"身教重于言传"，这样的家庭严重影响了子女良好健康习惯的形成和良好行为的发展，引发懒惰现象的发生。

二、家长可以这样做

懒惰既是一种不良习惯，也是一种不良性格，是成功的绊脚石。在人生道路上充满了困难与挫折，只有持之以恒，永不懈怠，才能实现目标，为此要努力克服懒惰的坏习惯。

1. 从小培养孩子自主的性格和独立生活的能力。

懒惰是一种不良习性，很多孩子对父母都有依赖性，当依赖性发展到一个极端就成了懒惰，由此父母要适时控制孩子对父母的依赖心理，不能任由其发展下去。

孩子自己能做的事，父母就不要包办代劳。作为孩子，不要一遇到困难就找父母，应该先让自己独立处理。在学习方面也是如此，若有疑难问题，力求自己解决，不要动不动就问老师、父母，父母在此时更要磨炼孩子的意志，坚强的意志力是克服懒惰的力量。

2. 给予孩子最大的鼓励。

如果缺乏鼓励，孩子就很难持续做事和有学习的兴趣，进而变得消沉、懒散，因此鼓励是必不可少的，哪怕孩子有一点点的进步，父母都应该不遗余力地为他加油打气。在孩子失败的时候，鼓励就更为重要，哪怕只是一句安慰的话，也会使他信心大增。

3. 激发孩子的兴趣。

孩子在对所做的事情不感兴趣时，就会产生惰性，所谓"兴趣是最好的老师"，没有浓厚的兴趣，就会没有动力，于是就容易懒懒散散地看待。此时，父母就要从各方面激发孩子的兴趣，让事情尽量变得丰富有趣，孩子一旦有了兴趣，事情也就比较容易完成了。

4. 为孩子制订一个短期容易达到的目标。

有时候，孩子会因为懒惰而造成学业停滞不前，甚至退步。当父母在面对这个问题时，可以对孩子提出一些短时间易达成、难度较小的要求，让孩子获得一定的成就感，这种成就感会促使孩子继续努力。如此不间断地学习，当孩子可以将一个个目标逐步达成之后，渐渐地也就能够克服懒惰的习惯。

5. 教导孩子正确的学习方法。

做事或学习方法不正确，即使用尽全力，勤奋刻苦，也不可能做好、学好，时间一长，孩子做这些事情时就会失去兴趣或者产生害怕的情绪，逐渐疏于学习，慢慢也会变得懒惰，没有进取心。

父母应该引导孩子找到如何让做事或学习变得更有效率的方法，如教孩子制订切实可行的计划、如何合理运用时间等。一旦孩子发觉这些方式的确让做事或学习变得更有效率，就会充满信心地持续下去，那么，懒惰的毛病也就无所依附了。

6. 发挥家教的正面效应。

家庭教育对于懒惰行为的改正有很大的作用，因此要主动调动家长的积极性，转变一些家长的思想。家长要以身作则，凡事能在家里为孩子起到表率作用，懒惰的孩子很多时候是因为没有促使他变得勤劳的原动力和外部压力。要想改掉懒惰的习惯，也不是通过一两次的思想教育能够解决的，所以要从小事做起，还要加以不断督促，逐步让孩子体会到好习惯带来的乐趣。

教子箴言

勤劳者能叫时间留下串串果实，懒惰者时间留予他们一头白发两手空空。

——高尔基

纠正孩子不良的"口头禅"

小强，聪明伶俐，看得出来，他在学生中相当有号召力。下课铃一响，学生们都围在他身边，争听他的"口头禅"。由于他有太多的"口头禅"，经常又不顾及场合，到处乱讲，老师多次教育，却收效甚微，依然改不了不良的"口头禅"。

有一天，语文老师上课时，给小强提的问题他不会回答，老师就罚他站起来。老师刚准备继续讲课，他却唱起来："读书苦，读书累；读书还要交学费；不如参加黑社会，有吃有喝有地位，晚上有人陪着睡。"语文老师是个刚刚毕业的女孩子，听到之后，顿时满脸涨得通红，眼泪一下子流了出来。小强看到老师生气了，一下子慌了，想安慰老师，却不知说什么好，脱口而出竟又是让人匪夷所思的"口头禅"。

故事有虚构的成分，但在中小学校中多次见到学生争着学这样的话语相互调侃，甚至编造一些类似的话语侮辱女同学和老师。

有一个孩子平时非常腼腆、害羞，可自从她的母亲把她送到幼儿园之后，每天接回家中都会说一大段让她母亲非常惊讶和气愤的粗言秽语。这个孩子才仅仅3岁多一点，家长非常担心孩子如此发展下去将来会怎么样。家长的担心不无道理，孩子的不良"口头禅"说多了，对孩子的身心发展都不利。我们认为，孩子有不良的"口头禅"，原因主要有几个方面。

1. 社会不良风气的渗透

每一时期孩子的"口头禅"都是时代的产物。当今世界物欲横流，人与人之间感情淡漠，在许多场合，我们都可以听到一些低级趣味的笑话。姑且不论社会流行黄色笑话是因为整体道德水准的下降，还是因为人际关系的疏远造成的，但它对孩子已经产生了不良影响是可以看得到的，从孩子的口中我们就可以知道这个社会的时代风貌。另外，当今时代的各种传媒也在蛊惑着孩子的视听，许多广告和主持人的下流俏皮话都成为孩子模仿的对象，以至于有人发出"救救孩子"的呼声。

2. 反映了孩子对学习、生活的态度和观念的不良倾向

孩子的不良"口头禅"也反映了他们对待学习、生活的态度。比如许多孩子传唱的厌学歌曲，如"书包最重的人是我/作业最多的人是我/每天起得最早的/睡得最晚的/是我是我还是我"等，从中可以看出他们对枯燥乏味的学校教育的厌烦情绪。据调查，13％的"口头禅"都以描述孩子自己的心情为主，其中，负面情绪多于正面情绪。有的"口头禅"又充满了流氓习气："老子看你是条汉子，所以给你面子，要想过好日子……"从中我们不难看出在学校孩子拉帮结派，模仿黑社会的情形。在孩子的"口头禅"中，他们真实地表达了自我对外部社会的感受，以及与年龄不相符的错误的世界观。

3. 同伴间的不良影响

孩子进入幼儿园后，与父母的接触和交往的时间不如以前多了，孩子们有更多的时间与相同年龄的人在一起，他们互相模仿和学习，相互感染和熏陶。毫无疑问，良好的同伴关系可以使孩子们重视友谊，学会宽容，热情开朗，积极向上。但在每一个集体里，都有一些有不良"口头禅"坏习惯的孩子，这些孩子往往富有感染力，在同学当中有一定的威信，因此，他们会对其他孩子有更大的影响。有许多孩子并不了解一些"口头禅"的含义，仅仅是在与其他人交往的过程中学到的。

孩子的"口头禅"往往是他们心态和性格的体现，虽然是无意说出却暴露了他们的心理活动，对我们了解孩子有很大的帮助。另外，如果您的孩子只有两三岁，他们正处于学习语言的关键时期，无论是什么样的语言他们都会学舌，并且乐此不疲。

针对孩子的不良"口头禅"，我们给家长的建议是：

1. 帮助孩子树立正确的美丑观

有一句话说得好，我们发现丑只因为我们的内心有美的向往。美与丑总是相对的，作为孩子，还没有正确的审美观念，不能区分美与丑，有许多时候都以丑为美。当孩子有了不良的"口头禅"时，正是对他们进行审美教育的良好时机。家长可以坐下来，与孩子一起探讨什么是美，什么是丑，我们生活中该追求美还是追求丑，当有了丑的行为时该怎么办等，通过教育帮助孩子克服掉不良的"口头禅"。

2. 让孩子自己对"口头禅"进行反馈

当孩子树立了正确的美丑和是非观念后，家长可以采用一些方法帮孩子自己发现与纠正不良的"口头禅"。比如可以划分美丑蛋糕，让孩子把一块蛋糕划分为七块，每一块代表一周中的一天，与孩子一起协商每天讲几句不良"口头禅"是丑的，几句是美的，与孩子一起做记录，美的蛋糕家长要给予奖励，丑的蛋糕给予惩罚。家长还可以给孩子的"口头禅"录音，让孩子听一听自己的讲话，并且进行反馈，表达自己的感受。这样，能使孩子在下次讲话时提高警惕，进行思考，从而戒掉"口头禅"。

3. 提高自身的语言修养

当今社会有以讲"黄色笑话"为时髦的人，同事之间传诵，一些家长在回到家中，还沉浸在工作的氛围之中，在家中把在其他场合中说的话讲了出来，孩子在无形中受到了影响。作为家长，首先要提高自己的语言修养，从自己做起，不讲不良的"口头禅"，尤其是回到家中，切忌用社会上的不良语言与家庭成员讲话。努力营造一个和谐、宽松、有更高追求的家庭氛围。请家长相信，如果您希望您的孩子是什么样的人，自己一定要给他树立一个榜样，实际行动比说教更有力量。

教子箴言

礼貌是儿童与青年所应该特别小心地养成习惯的第一件大事。

——约翰·洛克

纠正孩子粗心的毛病

一位母亲忧心忡忡地说:"我的儿子现在读小学二年级了,特别粗心。比如说,写作业的时候,明明答案是三个字,他经常只写两个字。你要是问他,他肯定能说出正确答案来。他的这种毛病怎样才能改正呢?"

"我们的孩子智商很高,看上去也非常聪明。但考试的时候,明明可以拿100分,可就是要犯一个低级错误。这粗心大意的毛病怎么治啊?"有的家长发出了这样的慨叹。

一位父亲说:"我女儿上小学二年级,平时成绩很好,我们给她出的题她都会做。可是,一碰上考试她马虎粗心的毛病就复发了。每一次考完,她都很有信心,说没有什么不会的。可卷子一发下来,错误多着呢。不是漏了一个数儿,就是多写了一个数。你马上再考她,她还是会。这粗心的毛病怎么才能改掉呢?"

下面是另一位父亲多少有点无奈的叙述。

鄙人是全家公认的"老马虎",做事常常粗枝大叶,丢三落四。前些日子,一个患有精神病的亲戚来串门。服药时,因开水烫,他便顺手将3粒安定放在床柜下。不久,我发觉药片不在了,找也未找,即惊呼可能是被刚满周岁的外孙女偷吃了。刚下班进门的女儿听我这么一嚷嚷,赶紧过去喊刚睡熟了的外孙女。可连喊几声都喊不醒,便信以为真,急忙抱着孩子冲出门外,拦了"的士"直奔医院。要不是我老伴心细,从床柜上找到了药片,及时赶到医院"报喜",才免除了孩子白受苦。老伴嗔怪道:"看你这个'老马虎',又养了个'小马虎'。"唉,难道"马虎"也会遗传吗?

粗心是一种很常见的现象，不单是孩子身上有这种毛病，许多成年人也有。一般说来，粗心大意的毛病在孩子身上表现得特别明显。导致孩子粗心的主要原因有四个方面：一是因为孩子的视觉记忆和辨识能力较弱；二是家长没有及时纠正孩子的马虎，久而久之就形成了习惯；三是孩子缺乏责任心，做什么都心不在焉；四是孩子功课太多，紧赶慢赶，往往就丢三落四，忙中出错。

怎样才能纠正孩子马虎的坏习惯呢？我们给家长的建议是：

1. 训练孩子的注意力

家长应避免在孩子学习的时候，把电视声音开得大大的，更不要在这种时候打牌搓麻。因为孩子的注意力是极易受到干扰的，你的这些做法只能让他无法将注意力集中到学习上，长久之后，孩子便养成了这种一心二用的坏习惯。有许多家长反映，自己的孩子回家以后，第一件事不是打开电视机，就是戴上耳机，然后才会拿出作业与这些事情同步进行。这样下去，孩子不养成粗心的坏毛病才怪呢！

2. 让孩子在生活中体会细心的好处

如果在你的朋友或亲戚中有人是从事精密、细致的工作的，你不妨与他们联系好，带上孩子去看看他们工作时的情景，让孩子受到启发。

3. 叮嘱孩子多检查一次

通常在孩子做完作业后，都是由家长将作业中的错误检查出来，再让孩子改正。其实，这样对让孩子克服粗心的习惯没有一点好处，而且还会造成孩子的依赖思想。我们应该让孩子自己检查并改正错误，这样才能让其对自己的学习效果有一个了解。即便是家长帮助孩子检查作业，也不要发现错误便立即指出，而应为孩子画出一个范围，让他自己再检查并改正。最后，还应告诉孩子一次做对的重要性。

4. 让孩子自己制定惩罚粗心的措施

如果孩子因为粗心，作业或考试不太理想，那么，你可以对他进行一点小小的惩罚。例如：取消原定的外出计划，少看一会儿电视，或者让他自己罚自己背几段有关不能粗心大意的小诗、格言、小故事等。

5. 让孩子的生活井然有序

其实，孩子有这种粗心的毛病也是在从小的生活中形成的。试想，如果孩子从小就生活在一个无序的家庭中，没有一定的作息时间，东西可以随处乱放，这样怎能要求孩子没有马虎的行为呢？因此，家长们应该重视这一点，做什么事情要有规律，不要随心所欲，东西摆放要整齐，让自己的家里有一个良好的氛围。一旦孩子在生活上养成了有规律的习惯，在学习上也能做得到。

6. 培养孩子的责任心

培养孩子的责任心是一件很重要的事情，这是做好一件事的前提条件。如果做什么事情都缺乏责任心，那必定无法做好任何事情。有了责任心，他自然能够小心谨慎地对待每一件事情，不会马虎，才能做好。

想要培养孩子的责任心，光靠嘴说是不行的，还应有计划地培养。比如在家的时候，家长可以让孩子做一些力所能及的事情（洗碗、扫地都可以），如果做得不好，应给予批评，让他再重新做一遍；如果做得好，那么就应给予相应的表扬和奖励。其实，说到底就是让他养成自己的事情自己做的习惯，对自己做的事情应该负责任，逐步让其形成对待任何事情都要有认真负责的态度。

7. 让孩子多做一些"细致活儿"

不论是在学习还是在生活中，我们都会遇到许多"细致活儿"，不认真对待是不行的。家长可以多让其干"细致活儿"，比如择洗蔬菜、写毛笔字、缝纽扣等，这些活儿都能训练孩子的细致程度。让孩子有目的地去做这类事情，久而久之，自然能克服粗心的毛病。

8. 让孩子重视考试

现在大家都在呼吁家长和老师不要过分看重孩子的分数，不要给他们增加太多的心理负担，但也不要忽视考试。因为，考试毕竟是一种检验孩子学习后所取得成绩的方法，是应该让孩子重视起来的。

教子箴言

麻绳爱从细处断，漏洞多自粗心来。

——谚语

改正孩子乱发脾气的坏习惯

乱发脾气，是现代孩子比较常见的现象之一。从心理学角度来看，乱发脾气是孩子意志薄弱、缺乏自控能力的表现。其主要特征是：想要什么就得给什么，想干什么就干什么，不达目的，决不罢休，让父母也无计可施。

贝利成为一代球王，与他父亲的指导和教育有很大关系。

8 岁的贝利去上学读书。可小贝利不喜欢读书，学习成绩非常糟，越糟他就越不想学。顽皮孩子的把戏他全会：上课随便讲话，用沾湿了口水的纸团打人，捏痛女同学的手，在教室里打架……气得那位女教师对贝利施行各种最严厉的处罚。可野性的贝利就是不思悔改，而且愈演愈烈。教室外才是小贝利的乐园，他和那群小伙伴成立了一个足球组织，叫"九·七"俱乐部。因为他的伙伴们门前不远有条"九·七"街，而 9 月 7 日又是巴西的独立纪念日。

"九·七"足球队成立后，四处征战，所向披靡，在所在地区很快就威名大振，称霸一方。但是贝利的脾气太暴躁，老是爱打架，这让父亲十分担心。有一次，贝利去看一场球赛，爸爸也参加了这场球赛。贝利的眼睛紧盯着球场上的爸爸，只见爸爸突然盘球向前，老练地闪过了对方的后卫，伺机射球。贝利的心突突地跳着，他替爸爸着急。糟了，爸爸失去了进球的机会，他真替爸爸惋惜。这时，他听到一个球迷高叫："何奥，你这个饭桶！"听到有人侮辱爸爸，贝利立即无名火起，回骂道："你叫谁饭桶，你妈才是饭桶！"

贝利找到了发泄的机会，一场混战开始了。直到看球的军人出来制止，才平息下去。

贝利回到家里，爸爸问清了打架的经过，神色庄严地摇摇头说："贝利，你打架太多了！要想踢职业足球，必须控制自己的脾气，有句话说'一捏拳，便输了理'。球场上分两队比赛，观众自然也分两派，一件事使一派观众高兴了，另一派就不高兴，总有人会骂你的。职业球员，要适应这种环境，一发火，球就踢不好，裁判员还可以罚你出场。这样，你自己和你那一队的人就吃大亏了！"

爸爸的话有道理，贝利最听爸爸的话，他也最崇拜爸爸，因为爸爸是巴西最好的球员之一，爸爸因为不幸受伤，才抑郁一生，没踢出高水平。他要为爸爸争口气，决心不再吸烟、喝酒，不乱发脾气。

贝利这样的"野"孩子在父亲的正确引导下也能成功，绝大多数孩子再怎么贪玩，再"野"，也不过如贝利而已，相信通过正确引导，一定也会有出息的。

家长应当采取如下一些措施，有效地对孩子的坏脾气给予及时纠正：

1. 用转移法转移孩子的注意力

当孩子出现乱发脾气的行为时，应利用当时周围的环境，设法转移孩子的注意力，让孩子被一些新鲜事物所吸引，使孩子放弃无理要求。

2. 用奖惩的办法矫正孩子的脾性

当孩子固执地乱发脾气时，应立即指出他的错误，并对他的态度冷淡下来，不理睬他，直到孩子"软"下来，再给他讲道理。而当孩子有所进步，例如同样一件事，孩子在以前会乱发脾气，现在不再乱发脾气或乱发脾气的程度减轻了，要及时给予表扬和鼓励，希望孩子能继续坚持下去。长此以往，孩子正确的行为得到巩固，错误的行为会逐渐消除。

3. 把握一切机会，对孩子进行教育

要经常对孩子说：人的很多愿望是无法实现的，有的时候，我们必须学会控制自己的欲望。当孩子放弃了自己不合理的要求时，应及时给予表扬和鼓励，让他的心中产生一种愉快感，促使他产生更多的积极行为。

4. 创造一个平静的环境与氛围

家长应有意识地加强自身的人格修养，心平气和地处理事情，特别是当着孩子的面更需心境平和，处事大度，孩子在安安静静的家庭环境中会逐步受到陶冶。

5. 结合日常生活进行一系列"磨性子"的活动

例如，让孩子参加学校或校外的书画兴趣小组，在书画练习中陶冶性情；让孩子和妈妈一起剥毛豆、择韭菜，参加诸如此类的家务劳动，在劳动过程中培养耐心、毅力；双休日，与孩子一起进行登山、远足等活动，磨炼孩子的意志，增强孩子的自我控制能力。实践证明，这些活动实施一年之后，许多有发脾气习惯的孩子都有了不同程度的进步，发脾气行为的发生率明显降低。

总之，一定要记住的就是：不要让孩子感到乱发脾气的好处，更不要急急忙忙向孩子妥协。要让孩子知道乱发脾气的孩子不会让大家喜欢，乱发脾气更不会有所收获。这样，孩子在乱发脾气达不到目的的过程中，就可以学会自我控制，从而逐渐克服乱发脾气的坏习惯。

教子箴言

父亲用自己的一举一动来影响我，熏陶我，使我的言谈举止带上一副绅士的派头。

——小托马斯·沃森

纠正孩子无理取闹的坏习惯

很多小孩子经常会出现无理取闹的情况，他们常常为一点小事就大发脾气，挑三拣四，大吵大闹，常有不公平感；他们明明知道一些事不该做，却还是做；经常告状，不讲道理……孩子的这些问题让家长感到非常头疼。

李冉今年5岁了，正上幼儿园大班。她是一个活泼好动、聪明机灵的小家伙。在家里，爷爷奶奶、爸爸妈妈都宠着她，从不拒绝她的要求，她也很会讨家人喜欢。不过，李冉有一个坏习惯，就是总爱无理取闹、不讲道理。她的小脾气上来时，谁都拿她没办法。有时候不知道为什么，她就会大闹不止；她特别挑食，有时候趁老师不注意就把不爱吃的东西偷偷倒掉；她明知道应该同小朋友们互相帮助，友好相处，可还是会抢小朋友的玩具……在家里，李冉经常把爷爷当马骑，如果爷爷说腰疼不答应，李冉便放声大哭，爷爷只好趴在地上让她骑。

有一次，李冉在幼儿园里和小朋友们玩游戏，起先还玩得很好，但过了一会儿，她忽然大叫肚子疼。老师急忙跑过去，把她抱起来，要去看医生。可她却说："我要让妈妈带我去，老师，你打电话把我妈妈叫来，快点，我就要疼死了。"老师拗不过，只好打电话叫来李冉的妈妈。当妈妈接到电话，风风火火地跑来以后，小李冉却呵呵地笑起来："我根本没事，我是骗你们的，我的肚子一点儿都不疼，我只是有点想妈妈了。"听了李冉的话，妈妈和老师都感到无可奈何。

像李冉这样爱无理取闹的孩子，在生活中比比皆是。这也可以说是当今社会独生子女中普遍存在的一种现象。无理取闹其实是孩子缺乏自制力的一种表现。

自制力指能够控制自己、支配自己的行动，并自觉地调节自己行为的能力，它表现为既善于促使自己去完成应当完成的任务，又善于控制自己的不良行为。孩子的自制力主要是靠后天的教育培养起来的。当今独生子女经常会无理取闹的原因主要是家长的不当教育方式造成的。孩子几乎生下来就会察言观色，看护人最初的无条件妥协是造成孩子无理取闹的起始原因；加上祖父母的溺爱和袒护，更助长了孩子无理取闹的气焰。

无理取闹的坏习惯一旦养成，孩子就很难控制自己的行为和愿望，往往想做什么就做什么，出现种种"越轨"行为，这会严重影响孩子今后的发展。那么怎样才能纠正孩子无理取闹的坏习惯呢？我们提出以下几点建议供家长参考。

1. 坚决制止孩子的不礼貌和不良行为

家长有必要让孩子知道，自己的父母既是友善随和的，同时，又是有权制止他们的无理取闹行为的。家长不能一贯纵容孩子，这样孩子将不会有满足感。适当地拒绝孩子，会使孩子学会与人相处时，要讲道理，不能为所欲为。宠坏了的孩子，即使在自己家里也不会感到幸福，一旦他们进入社会，肯定会感到与他人格格不入，他们会发现没有人愿意与自己相处，因为别人都不喜欢他无理取闹，自私自利。家长若坚持一贯要求，孩子就能逐渐学会控制自己、约束自己。

2. 帮助孩子正确评价自己

成人在纠正孩子无理取闹的坏习惯时，一定要坚持说理，既要告诉孩子"不能这样做，要那样做"，又要让他知道"为什么不能这样做，要那样做"，为孩子建立一套行之有效、持之以恒的行为准则，作为孩子评价、判断自己行为的依据，以此来约束自己的行为。只有让孩子了解行为准则的意义，他才会心悦诚服地遵守和执行，并自觉地去控制自己不符合规范的行为，而家长简单的训斥与体罚是不能起到真正教育孩子的作用的。

3. 对孩子的物质条件适当地剥夺

丰富的物质条件容易使孩子挑三拣四。我们经常会看到家庭条件好的孩子往往不听话，而条件不好的却很懂事。因此，对孩子的物质条件适当剥夺，会有利于改正孩子无理取闹的坏习惯。比如，吃东西的时候给什么就吃什么，如果不愿意吃就挨饿；不该买的玩具一定不给买，孩子怎么闹也不答应。家长应意识到，孩子的习惯是从小培养起来的，在小事上也要坚持原则，不能妥协。

4. 对孩子的无理取闹置之不理

孩子的无理取闹一般发生在家长不满足他的某种需要的情况下，尽管家长给孩子讲了一大堆道理，但孩子根本听不进去，这时家长可以对孩子采取置之不理的方法。让孩子尽情哭闹，一定不要妥协。过一会儿，孩子就会感到自己这样做根本解决不了什么问题，所以就会停止。如果家长始终坚持这样做，孩子就会逐渐改掉无理取闹的坏习惯。

5. 为孩子树立榜样

孩子特别善于模仿，情绪极易受感染。因此，家长可利用生活中、电视中以及故事中的"好孩子"形象来教育孩子，充分发挥榜样的作用。让孩子明白懂事的孩子让人喜欢，而无理取闹的孩子让人讨厌，使孩子的行为向好的方向发展。

6. 帮助孩子控制自己的情绪

近年来，心理学研究发现，有些孩子的无理取闹是因为情绪发育不健全造成的。孩子大脑中枢神经系统尚未完善，表现为兴奋比较容易泛化，兴奋强于抑制，反应不精确，所以外界较小的刺激都极易引起孩子的兴奋而难以自制。对于这样的孩子，可以通过心理训练的方式来改善他们的感觉系统，使他们的情绪发展与心理素质发展相协调。

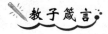

人应该支配习惯，而决不能让习惯支配自己。

——奥斯特洛夫斯基

克服孩子做事拖拉的坏习惯

我国古代有一首非常著名的《明日歌》，可以说是家喻户晓：

"明日复明日，明日何其多，我生待明日，万事成蹉跎。世人若被明日累，春去秋来老将至，朝看水东流，暮看日西坠。百年明日能几何？请君听我《明日歌》。"

《明日歌》要告诉人的就是时光易逝，要珍惜时间，抓住时间的分分秒秒。

有一位父亲找来一个塑料漏斗和一捧玉米种子，给儿子做实验。父亲让儿子双手放在漏斗下面接着，自己捡起一颗种子投到漏斗里，种子顺着漏斗细小的缝隙滑到了儿子的手里；父亲继续投了十几次，儿子的手中多了十几颗种子。随后，父亲抓起满满一把玉米种子，一齐投放到漏斗里，那狭窄的缝隙被玉米粒相互挤住了，一颗也掉不下去。

父亲意味深长地对儿子说："这个漏斗就代表着你，假如你每天做一件事，你就会有一颗种子的收获和快乐。但是，当你想把所有事情都挤到一起做，反而一件事也做不成。

美国前总统富兰克林曾说："今天的事不要拖到明天。"这句话说的也是珍惜时间，抓紧时间做事情的道理。但现实生活中，很多人总是把今天的事拖到明天，一点也不珍惜生命，以致形成了拖拖拉拉做事的习惯，而且还总是为自己的这种坏习惯找借口。

一天，华盛顿的秘书以"手表慢了"为由再次迟到，华盛顿便说："或者你换块新手表，或者我换个新秘书，我的表从来不问客人有没有到，它只问时间有没有到。"

1932年经济大萧条期间，一个年轻人从某大学毕业，获得了社会科学的学位。关于自己未来的生活，他没有得到任何人的指导，也没有什么自己的想法，为了挣钱养活自己，他整个夏天都在一家当地的游泳池当救生员。

一位经常带孩子来游泳的父亲对这个年轻人十分友好，并对他的未来产生了兴趣，他鼓励年轻人仔细分析一下自己，看看究竟最想做点什么。年轻人听从了他的建议，在随后几天中，他开始检讨自己。最后，他发现自己最想成为一名电台播音员。

年轻人将自己的志向告诉给了那位长者，长者鼓励他采取必要的行动，使梦想成真。随后，他走遍了伊利诺伊州和爱达荷州，努力使自己进入广播行业。终于，他成为了一名体育播音员。

"终于找到了工作，这多美呀！"后来那个年轻人坦率地说道："不过，更有意义的是，我知道应该立即行动这个道理。"

拖拉可以说是人类的一大天性。每个人都会有拖拉的毛病，孩子们当然也有，孩子有这个坏毛病并不可怕，关键是父母要帮助孩子及时改掉这个坏毛病。

要改掉拖拖拉拉的坏毛病，就先要了解它形成的原因，以下是拖拖拉拉坏毛病的成因，你不妨让孩子自我对照一下。

1. 给自己找借口

由于不能自我加压，一些人做起事来就会拖拖拉拉，当然就完不成当天的进度。这些人总是给自己找借口，说什么"如果有压力我就能做好了"。实际上，这些人在自我管理方面的能力非常差，大人如此，孩子更是如此。

2. 经常分散精力

有些事情是人们喜欢做的，有些事情是人们不喜欢做的，很多人习惯于先做不喜欢的事情，没有把事情做完，就做其他的事情，甚至是无关紧要的事，这样，精力就被分散了。因此，如果想避免拖拖拉拉的毛病，就得集中精力做事，而不是自己想做什么就做什么。

3. 太注重细节

有一些人做事情总是想把所有的事情都做到最好，特别是那些细节，于是做事花费的时间大大超过预期。事实上，做事情只要主要的事做好就可以了，不需要事事完美，尤其是考虑到时间成本的时候。

做事拖拖拉拉的坏毛病一旦形成，就很难改正，因此，如果你发现你的孩子有这个坏习惯，要及时帮孩子矫正。

那么，父母如何才能帮助孩子改掉这个坏毛病，养成良好果断做事的习惯呢？

1. 让孩子严格自律

要让孩子严格自律，对自己的拖拉行为应当毫不留情地制止，不妨在孩子心中扮演一个严厉的角色督促他们。吃饭、穿衣、做作业等，可以用小闹钟提醒他们，让他们抓紧时间。当然，时间要由长到短，让孩子逐渐适应，不然，会适得其反。

2. "今日事，今日毕"

每个人都不可能面面俱到，所以要选择重要的事情去做。同时要注意不要把精力放在那些已经做过的事情上，也别做浪费时间的事。抱着对自己认真负责的态度，每天排除一件这样的事。

3. 与孩子一同做计划

父母可以先把计划告诉孩子，并且征求孩子的意见，让孩子帮着改计划。比如周末，可以这样对孩子说："今天我想好好安排我们的生活，吃完早饭后，我们到动物园去，然后回来吃午饭，午饭后你小睡一会儿，1点钟我们去少年宫上音乐课，4点我带你去奶奶家，回来后，你要写一篇作文，你觉得这样安排好不好？不好你可以改一下。"

这种方法不仅可以帮助孩子理解计划的重要性，而且，能够让他们学着去安排自己的事情。

　　如果孩子对父母的计划提出了疑问或者孩子有了计划的意识后，那么，父母就可以让孩子大胆地安排计划。

　　4. 发掘对孩子适用的方法

　　克服孩子拖拉的最佳办法就是让他们慢慢改正，让坏毛病逐渐消失在生活中。要实现这一点，有些事要多做，有些事要少做，有些事要采用完全不同的方法做，父母的任务是把许多方法结合起来，不断发掘对孩子适用的方法。

　　5. 把所需的行动分为若干步骤完成

　　拖拉的人一开始总是想一口气把事做完，从来没有想过千里之行必先始于足下。因此，你为孩子所设定的目标要明确、具体，把所需的行动细分为做起来不困难的几个小步骤，这样就有利于培养孩子及时行动的好习惯。

教子箴言

　　一个怠惰而不想转动的人，即使遇到最宽厚的命运，也正像那个最勤奋但是手中无旋盘的陶工那样，是不会捏烧成器的；这时即使命运在他身上怎样不惜浓颜丽色，怎样彩釉镶金，他仍不免是滥坯一块，它够不上一个盘子；不，它只不过是凹凸不一、胡揣乱捏、弯弯曲曲、歪歪扭扭、边角欹斜、没有规格的滥坯一块而已——虽彩釉其外，器皿之耻也！这点希望怠惰的人能够三思。

——卡莱尔

让孩子摆脱依赖的坏习惯

作为美国前总统肯尼迪的遗孀，杰奎琳可以说是名扬天下、富可敌国，但她对儿子约翰的要求却十分严格。小约翰刚刚 11 岁，杰奎琳就把他送到了英国的德雷克岛"挑战者营地"去接受训练，学习驾驶帆船、独木舟、练习爬山，通过这些来锻炼儿子独立果断的做事习惯。在约翰 15 岁那年，杰奎琳又送他到肯尼亚的荒郊野外中独自生存，在暑假期间，杰奎琳还把儿子送去参加"国家户外学校"的 70 天训练。

为了更进一步强化约翰独当一面的才能，杰奎琳让儿子参加赴危地马拉志愿队，从事地震救灾等公益工作，以此磨炼他的独立性。

正是因为接受了这样的教育与磨炼，自幼自卑、羞怯、优柔寡断、依附性强的约翰慢慢变得自信潇洒、积极上进、果断坚强。约翰于 1983 年毕业于布朗大学，在印度工作过一段时间，后回美国在纽约担任第 42 届发展协会副主任。1996 年，约翰创办了一家杂志社，自己任杂志社的董事长。

由一个自卑怯懦的孩子成为一个卓越的人，这与约翰母亲从小就注重培养他独立的做事习惯密不可分。

著名教育家陶行知说："让孩子出自己的力、流自己的汗、吃自己的饭才是英雄汉。"父母应该知道，孩子总有一天是要独立的。如果理智一点考虑问题，自从生下来那一刻起，孩子就是一个独立的个体了。如果孩子不能独立，其后果是极其严重的。

对于孩子来说，独立是一种很重要的品质，一种不可或缺的做事习惯，特别是对于现代的孩子来说。由于现代的孩子多是独生子女，父母对他们更多了几分溺爱，经常无意识地帮孩子做一些细小的生活琐事，无形中造成幼儿懒惰、依赖的心理。因此，父母要注重孩子独立性的培养，让孩子养成独立做事的习惯，这样，孩子在将来才能成为独当一面的人才。

在这方面，国外父母的做法比较有利于培养孩子的独立性。在古代德国，孩子被当作独立的成年人来对待。贵族们往往让自己的孩子离家，到另一个城堡的其他贵族那里进行学习。他们认为在离家独立成长的过程中，才可以使孩子具备一个骑士所应有的素质和知识。

克劳斯太太的教子经验值得当今父母们学习、借鉴：

女儿从小爱在厨房里跟进跟出，一天，她说她要自己做蛋糕，尽管克劳斯太太觉得女儿的这种想法有些可笑，但克劳斯太太还是买来做蛋糕的现成材料，让女儿动手做蛋糕了。她一会儿称分量，一会儿打蛋，一会儿和面……所有过程都是她自己动手，克劳斯太太在一旁耐心地看着。为了安全起见，在使用搅拌器时，克劳斯太太握着女儿的小手，一同使用搅拌器。

就这样做了两三次之后，女儿便做成了一份看上去很不错的蛋糕，女儿十分高兴。后来，克劳斯太太家里有朋友来，都由女儿负责甜点。过年过节，克劳斯太太送女儿去朋友家，也让她展现一下她的好手艺。

由以上的小故事我们不难得出这样的结论：孩子独立做事的好习惯要从小培养，因为孩子越小，其可塑性就越高，早早训练他们的生活技能，就能充分发挥他们的天分。那些担心孩子能力不强的父母则是杞人忧天。

某研究机构最近对独生子女的心理状况进行调查，发现了这样一个事例：一个13岁的小男孩为摆脱父母的"管束"，从上小学起就开始瞒着父母积攒零花钱，他决定在18岁成人后立即离家独立生活。因为他实在受不了父母把他当"宝贝"的做法，他需要做一些自己想做的事，而不是整天由父母"牵"着鼻子走。

独立的境界是美妙的，独立的习惯却是需要学习和培养的。独立地面对社会、面对自然、面对你自己、面对生活。对于大一些的孩子，父母应从培养孩子意志品质的坚持性出发，培养他们的自制力和果断性，鼓励他们自己做出决定，培养其自主学习与做事习惯，加强对孩子独立性的磨炼。

从小培养孩子的独立性和能力，父母应做到以下几点。

1. 父母是孩子的第一任老师

要培养孩子独立，父母首先要让自己成为一个独立性很强的人。因为如果父母做事的方式是处处依赖，又怎么可以要求孩子能够独立呢？

2. 为孩子提供独立发展的条件和机会

对于那些有依赖性的孩子，父母可根据孩子的实际情况，放手让他们去做那些应该做而且又是力所能及的事情，教他们逐渐学会自己吃饭、上厕所、系鞋带、穿衣裤、添饭端菜、洗淋浴；帮忙用电饭锅煮饭、用微波炉热菜，会用洗衣机洗衣服；会自己收拾房间，会缝扣子、修拉链等，一步步帮助孩子养成独立的习惯。

3. 教给孩子独立做事的知识和技能

孩子不仅要有独立意识，而且还要有相应的知识和技能，即不仅愿意自己做事，而且还会自己做事。例如，怎样穿脱衣服、洗脸洗手，怎样择菜、洗菜，怎样扫地、擦桌子，这些教育是在日常生活中自然而然进行的。不仅仅如此，孩子的独立性还表现在学习、交往等各个方面。父母要教孩子自己完成游戏和学习任务，自己去和同伴交往，当孩子和同伴发生纠纷时，教他们用各种有效的方式去自行解决矛盾。

4. 让孩子自己决策

自己决策是独立性发展的一个非常重要的方面，父母要从小培养孩子自己决策的能力。孩子的事应该由孩子自己去思考，自己去决定，父母不要做决定。要让孩子自己去动脑筋，想办法，做出决策。

此外，对于孩子每一个小小的进步，父母要及时表扬，这样，孩子才会更努力地去做更多的事。有了独立做事的习惯与经验，离开父母后，就不会因为这个我没做过或那件事我也没做过而自卑，从而能更好地融入社会，更有信心地面对人生中的各种挑战与考验。

教子箴言

如果一个人掌握了他的学科的基础理论，并且学会了独立地思考和工作，他必定会找到他自己的道路。而且，比起那种主要以获得细节知识为其培训内容的人来，他一定会更好地适应进步和变化。

——爱因斯坦

让孩子远离小偷小摸的恶习

曾经看到过这样一则报道：广州市图书馆少儿阅览室的图书管理员正在收拾阅览桌上的刊物，"阿姨，你看那边地上好多图书！"管理员抬头一看，眼前是一位十二三岁的少女，十分天真可爱。管理员立即放下手中的活，去整理那些图书。当她整理完图书回来时，却发现自己放提包的抽屉是开着的，而提包却不翼而飞。管理员立即意识到自己上当受骗了，刚才那个少女一定是小偷，趁机盗走了提包。

少女确实是一个小偷。当天她到市图书馆的阅览室，发现管理员工作台的抽屉里放着一个提包，于是用计支开了管理员，趁机盗走了提包。

后来，少女采用同类的伎俩，在一些公共场所频繁作案，一时间少女窃贼被传得沸沸扬扬，但天网恢恢，她最终还是落入了法网，而且其母赵某也因其窝藏赃物罪受到法律的制裁。

少女是赵某夫妇收养的女儿。小时的她给这个家带来了不少的欢乐，一家人都喜欢她，当然也就有些娇惯。也许是过于娇惯，也许是溺爱，也许是疏于管教，她从小就有小偷小摸的行为。

孩子有了偷窃行为并不可怕，只要父母教育得当，孩子偷窃的不良行为还是会得到纠正的。但赵某总以小孩不懂事为由袒护她，因此其不良行为没有得到有效的制止。随着年龄的增长，其偷窃行为越来越严重，几次盗窃别人的东西被关进派出所。即使这样，也没有引起母亲的高度重视。丈夫教育女儿，她还护短，直到女儿在盗窃的路上愈走愈远。

以上的故事应该让许多父母得到启示，那就是孩子的小偷小摸行为不能轻视。

一般来说，4～5岁的孩子还不懂得什么是自己的，什么是别人的，还不懂得别人的东西未经许可不能随便拿的道理。这时，父母要告诉孩子这个道理，并帮助孩子区别自己的和别人的东西。

当一个孩子已经知道别人的东西不能动，但是看到别人的东西好，又控制不住自己，故意把别人的东西悄悄地带回家，这就属于小偷小摸行为了，时间一长，就会成为一种坏习惯。

小偷小摸是一种不良行为，发展到后来，会违法犯罪，如果你的孩子有这样的坏习惯，就要设法帮助孩子改正，否则，坏习惯一旦养成，就有可能在将来走上违法犯罪的道路。

以下几个方法可以有助于父母帮助孩子改掉小偷小摸的坏习惯，不妨试试。

1. 坚定孩子改邪归正的决心

应让孩子懂得偷窃是一种不良的行为，如果今日小偷小摸，就有可能在将来会大偷大摸，走上犯罪的歧途。通过反复教育，培养孩子的是非观，坚定改邪归正的决心。

2. 增强孩子改邪归正的信心

父母应从尊重、爱护孩子的角度出发，尽量挖掘他们身上的优点，多采用赞许、表扬、信任、奖励的方法，点燃他们的自尊心，唤起他们的荣誉感，消除对抗情绪，树立上进的信心。

3. 不能棍棒相加

当父母发现孩子有偷窃行为时，有的父母姑息不管，有的父母棍棒相见，这样做的结果，往往会使孩子走向极端，滑得更远。应该说，孩子偷窃，父母是有责任的。所以，父母有责任用耐心去教育孩子，帮助孩子养成好习惯。

4. 增强孩子的抗诱惑力

有偷窃行为的孩子，在接受教育后，有时会有所改变。但父母要在相当长时期内，帮助他们避开某些直接诱因。同时，当孩子出现反复时，既要批评，又要耐心说服，使孩子意识到错误，感到内疚，自觉改正错误。

5. 用故事帮助孩子改掉恶习

孩子都爱听故事，父母要通过讲故事使孩子明白"勿以善小而不为，勿以恶小而为之""防微杜渐"的道理。

一个人只有能驾驭自己，才能去征服世界，如果孩子有偷窃行为，那么，父母就有责任帮助孩子改掉坏习惯，让他们学会驾驭自己，约束自己。

教子箴言

小时偷针，大时偷金。

——俗语

第七章

让孩子充满智慧

聪明的孩子才会让人喜欢，但是怎样的孩子才算是聪明，聪明的体现具体又指的是什么呢？从通俗意义上讲，聪明即是智力高，也就是人们所说的高智商。聪明孩子的智商不是生下来就那么高的，除了先天遗传的因素外，父母可以依靠后天的爱和努力让他们的智商提高，这可是父母能给孩子的最宝贵的财富之一。

让孩子养成动脑的良好习惯

"动脑筋"是孩子认识世界的根本途径之一，在许多独生子女家庭中，孩子的双手只用来做功课和玩电子游戏机，其他事情一概靠大人。习惯于饭来张口、衣来伸手的孩子不仅双手闲置，灵气也丧失殆尽，当然也就谈不上伶俐了。

一个双手被闲置、灵气丧失殆尽的孩子往往是无责任心、无生存能力的孩子，他离开了父母怎么办呢？更为重要的是，灵巧的双手还代表着自觉劳动的道德观和价值观。家长应该要求孩子去做他们能做的一切事情，而不能只学书本知识，也不能做一个机械的、呆板的听课和写作业的"机器"。孩子们还必须会自己动脑、动手，通过亲身实践去认识社会，思考人生，体验劳动的艰辛、创造的欢乐和成功的喜悦。

那些双手灵巧的孩子往往学习成绩出色，社会适应能力良好，人格发展比较健康；反之，不爱动手、懒惰、被动的孩子，常常学习成绩很差，意志薄弱，对学习和其他活动无责任心。所以动手与动脑是相互促进的。

举世闻名的奇人海伦·凯勒，在降临人世后聪明可爱，深得父母喜欢，可是很不幸，一岁时，一场大病使她成为了又聋又哑的孩子。由于自己一直生活在那个无声的黑暗世界里，无法和别人沟通的窘境使她从小就变得暴躁，变化无常，对此，她的父母无能为力。她的父母曾经不止一次地教导她，希望她能学会最起码的知识，可是都没有取得很大成功。

塑造孩子的一生：
让孩子无忧无虑地成长

6岁那年，海伦·凯勒的生命中出现了重大转机，改变她命运的莎利文老师出现了。有一天，莎利文老师在海伦·凯勒的手心写了个"水"字，海伦·凯勒不知怎么搞的，总是记不住。老师指出海伦·凯勒记不住的原因出在哪里，她带着海伦·凯勒来到喷水池旁边，让海伦·凯勒把小手放在喷水孔下，让清凉的泉水溅在海伦·凯勒的手上。接着，莎利文老师又在海伦·凯勒的手心写下了"水"这个字。从那以后，海伦·凯勒牢牢记住了那个字，再也没有和其他字搞混。

在莎利文老师的循循善诱下，海伦·凯勒开始逐步学习，并最终战胜自己，摆脱了命运的束缚，走出了寂静的黑暗，成为生命的强者。海伦·凯勒的故事给了人们无尽的启发。

同样是教导孩子，为什么海伦·凯勒的父母所用的方法就不太成功，而莎利文老师的方法就取得很大的成就呢？原因很简单，莎利文老师是用自己的心灵去发现最适合海伦·凯勒的教育方法。她不是在向海伦·凯勒一味地灌输知识，而是让海伦·凯勒学会思考，结果海伦·凯勒取得了胜利，从生命的黑暗中站了起来，并成为举世瞩目的自强不息的生命楷模。

很多父母的生活中可能都会有这样很温馨的情景：抱着牙牙学语的孩子观赏一朵花，指着那盆花说那是"一朵花"，这时"一朵花"的词语与花的形象就发生了联结。如果重复说几次，孩子听到"一朵花"这个声音，脑子里就会浮现一朵花的影像。这就是记忆，是孩子们赖以不断学习解决问题的基本运作。许多人对孩子的教导往往停留在这个记忆的阶段，未做深一层次的启发与指导。例如一朵花的性质很多，包括形状、颜色、香味等，如果不从分辨与归纳中教孩子思考，他们的学习活动就没有机会从记忆提升到对事物的分辨、整理与分析。

人本来就有思考的潜能，父母不教孩子思考和处理所接触的事物，他们也能从记忆、认识、分辨和整理中自行学会思考。但是在这个知识爆炸的社会里，如果一切由他们自己去尝试摸索，他们在整个求学过程中很可能落后。作为家长，你必须适时地推孩子一把，使他们能更快地进步。透过对日常生活事物的分辨、归纳和整理分析，孩子的思考能力开始进步，处理资料的方式和过程愈来愈精细熟练，愈来愈合逻辑，这就是一个人的智力发展过程。在学校里，孩子的学习能力之所以不同，很多人都将它归之于天赋，说这是孩子天赋不如别人，其实这是不对的，真正的原因是孩子的思考能力缺乏有效的教导。

曾经有一位老师给学生们出了一个作文题：一座桥。要求他们就这个题目写一篇作文。这需要一些自由联想与资料整理的过程，应该不难写。但结果却出乎这位老师的意料，大多数的孩子认为没有什么好写的。有的孩子找了一些资料，但也只是从表面做文章，丝毫没有想法，写上两三句话就草草结束了。

原因何在？这是因为大部分孩子在日常生活中缺乏搜集分析资料，缺乏使用语言正确表达思想的训练。日常生活中的对话往往是训练孩子思考的最好机会。作为家长，你可以教孩子认识事物，了解并做分析，更可以让孩子透过语言的表达，说出思想的结论。这时，正确的部分你要肯定它，赞美它，不正确的部分，则予以适当的更正。

语言的表达是日常生活的一部分，父母一定要教会孩子使用正确的语言，表达正确的思想，因为它是思考的一部分。但是许多家长往往疏忽了这一点，孩子们的话说得不完整，不合逻辑，颠三倒四，甚至词汇不够，无法说出完整的语意，都没有进行及时的纠正。长此以往，孩子的思考能力很难不受到影响。

塑造孩子的一生：
让孩子无忧无虑地成长

现在由于生活节奏加快，很多家长在生活和工作中都面临极大的压力，很少和孩子进行沟通，其实这是不对的。这样一来，家长与孩子之间的感情不仅不能得到及时的维护，而且很难纠正孩子在语言表达上的错误和不足。正确的做法是父母要多陪陪孩子，给孩子表达自己想法的机会，并让他们把所要表达的观点说得清清楚楚。当孩子表达不清楚时，要及时补救。另一方面，要找一些通俗有趣的故事和童话，多念给孩子听，并讨论其中的情节。

孩子们的脑子像一部录影机，你若注意教他们语言和思考，让他们聆听好的作品与故事，讨论故事的情节，他们的分析能力、思考和表达能力一定有惊人的进步。如果坚持这样做的话，也可能会引发孩子阅读的兴趣。如果孩子不爱动脑的话，父母可以从以下几方面入手：

1. 培养孩子动脑筋的兴趣

"兴趣是最好的老师"，孩子若对某件事有浓厚的兴趣，就会集中思想和注意力，就会想方设法克服种种困难来达到自己的目的。怎样培养孩子动脑筋的兴趣呢？父母是孩子的启蒙老师，对孩子的影响是相当大的。因此，父母要以自己的情绪和行为去感染和影响孩子，要用自己对周围事物的态度和情趣去影响孩子；同时，父母还要常常给孩子提一些问题，激发孩子求知的欲望，引导孩子自己动脑筋解决问题。

2. 从易到难、循序渐进地培养孩子动脑筋的兴趣

父母对不爱动脑筋的孩子不可提出太高的要求，而要根据自己孩子的实际，从最直接、最容易思考的问题入手，如比较两事物的异同，然后逐渐加大难度，让孩子通过自己的努力解决遇到的困难。

3. 将培养孩子动脑筋的兴趣融进生活之中

儿童时期的孩子对抽象的理论不易理解，因此，光有说教不行，父母要

创造动脑筋的环境，开展一些健康、有益的活动，在活动中启发孩子动脑筋，如搞家庭数学游戏、家庭猜谜活动、家庭智力游戏、中秋赏月晚会等，将数学、智力题融入活动之中。

4. 运用激励的手段，让孩子尝到动脑筋的甜头

哪怕孩子只取得微小的进步，父母也不要放过，要及时地给予肯定，热情地鼓励他们。

 教子箴言

孕育着发明能力的小学毕业生，远远比扼杀了发明创造能力的哈佛大学毕业生，有更多的成功机会。

——洛顿

比天赋更重要的是勤奋

　　丁俊晖是当今中国最著名的台球手，曾被誉为台球神童，连续挫败了包括史上最伟大的台球手亨得利在内的 3 位前世界冠军，不仅让世界职业排名赛冠军榜上有了中国人的名字，而且还成为职业台球界持外卡夺冠第一人。丁俊晖夺冠给中国台球运动带来了一个新的发展时代。

　　丁俊晖从一个台球"神童"一步步成长壮大，最后登上了英国人发明并长期垄断的这项运动的顶峰，离不开父母的引导和丁俊晖本人的执着追求。丁俊晖不仅能吃苦，对台球的悟性也较高，10 岁时就能一杆上百分，特别是他打球时的那种深沉内敛、从容不惊、骨子里谁都不服的气质令亨得利惊叹。

　　1987 年，丁俊晖出生在宜兴的一户普通人家里。第一次接触台球时，丁俊晖只有 8 岁，正上小学一年级。一天下午放学后，丁俊晖路过他家楼下小卖部时，看见了一张很奇怪的桌子，说奇怪是因为好好的桌子上竟然有几个大洞，而且还铺着地毯，桌子上放着几个五颜六色的球。很久没玩过玻璃球的丁俊晖一时兴起，踮起脚摸到一个球就像玩玻璃球一样用力一抛，飞快滚动的球撞到了其他的球，结果其中一个被撞到的球竟然滚进了洞里。就这样，丁俊晖完成了人生第一次的"一杆入袋"。

　　自从丁俊晖迷上打台球后，父母以为小孩子只是玩玩而已，时间一长也就腻了，没想到丁俊晖越来越迷恋台球，简直到了一发而不可收的地步，父亲丁文钧也逐渐发现孩子在台球上的天赋，于是开始刻意地配合孩子。

　　丁俊晖小学的班主任曾经对丁俊晖迷恋台球的事情与他的父亲谈过，

出乎意料的是丁俊晖父亲的回答是支持儿子打台球。为了打好台球，圆自己打败当时世界台球第一人亨得利的梦，丁俊晖10岁就基本远离学堂。1998年，丁俊晖父子搬到广东时，每人每顿吃的是2元钱的快餐，这段时间是最艰苦的日子，但是这对父子从未放弃。此时的丁俊晖小学还未毕业，到广东后学习了几年，2001年，丁俊晖初一还未读完时，就彻底辍学了，因为他需要更多的时间进行台球训练和比赛。刚到广东时，丁文钧一家长期住在一间环境较差的工人宿舍里，生活条件十分艰苦。虽然丁文钧文化水平不高，但他对丁俊晖的教育丝毫不含糊，他教育儿子从小要有正义感，要勤奋节约，先做好人，再打好球。艰苦环境中长大的丁俊晖从小就很刻苦，不服输。

丁俊晖成名后，包括国外媒体在内的很多人都把丁俊晖称为"中国神童"，但在丁爸爸的眼里，台球领域，勤奋远比天赋来得重要，就像昆明"丁俊晖台球俱乐部"墙上的那句话——"平凡中的坚持！成功"。父亲认为，儿子取得现在的成绩主要还是因为他的勤奋，小时候丁俊晖每天练球的时间都在8个小时以上，在他看来苦与累甚至枯燥乏味都是值得的，时至今日他依然如此，因此在同行中他有"第一吃苦球手"之称。

在教育孩子的过程中，为了培养孩子的自信心和学习的积极性，许多家长经常夸奖孩子聪明，这其实并不算是一个十分明智的举动。

聪明属于先天的特质，长期肯定孩子聪明，可使孩子逐渐形成过于良好的自我感觉，使自己对自我的认识和评价与自己的实际能力发生偏离，并且只有成功的打算，没有失败的准备，必然会反复遭受失败的打击。而且孩子一旦认为自己聪明，就会认为努力不重要，靠着自己的小聪明来应对一切。

最重要的是父母要肯定孩子的勤奋和努力。在对孩子的成就进行归因的时候，智力属于不可控制因素，是孩子自身无法改变的，但是努力与否却是孩子可以控制的，因此把孩子的成就更多地归于勤奋，让孩子意识到只有聪明加上勤奋，才会有所成。

佳佳不是一个十分聪明的孩子，甚至比别的孩子还显得笨一点，别人学半个小时就会的东西，佳佳也许会花一个小时才明白。但是在学校，佳佳总是能考出好成绩，常常拿着满分的成绩单开心地向父母报喜。

别的父母都很奇怪，为什么看上去不怎么聪明的佳佳总能取得好成绩呢？原来是因为佳佳的妈妈总会适时地鼓励孩子，她常常对佳佳说："好成绩都是努力得来的，其实别的孩子都没你学得快，只是他们都躲在家里偷偷学呢，你要是和他们一样努力你也是很聪明的孩子。"佳佳于是深信了妈妈的话，做任何事情都十分努力。有的时候，课堂上老师讲的东西佳佳不太懂，下课后就把不懂的地方拿去问老师，让老师再讲一遍，作业错了，就再做一次直到做对为止。佳佳的勤奋让妈妈十分欣慰，也获得了老师的喜爱，常常给佳佳做一些指点，开开小灶，佳佳的学习越来越棒，信心也越来越足，没有人说佳佳是个笨孩子，人人都夸奖佳佳的勤奋与聪明。

那么如何教育孩子勤奋呢？要帮助孩子树立努力导致成功的归因感。所谓"归因"就是寻找和分析影响孩子学业成功的因素。心理学的研究表明，孩子的归因分为外部归因与内部归因两种类型。具有外部归因特征的孩子认为，自己学习成绩的好坏受运气、任务难度、班风、他人等一些复杂和自己难以预料和控制的外部因素的主宰和摆布，自己成绩不好的原因是"考题太难""教师教得不好""教师评分不公正""父母不关心我的学习"，等等。因而这类孩子的行为表现是消极被动的，对学习采取听天由命或无所谓的态度。具有内部归因特征的孩子往往把学习上的成功归结为自己的能力、勤奋和努力，把学习上的失败归结为"自己努力不够""学习不认真""没有充分发挥自己的潜力"等等。这类孩子有着比较正确的关于成功与失败的认识尺度，有着较高的成就动机。他们对待学习的态度积极主动，能向中等的、适度的、甚至较难的学习任务挑战。孩子的不同归因，影响着他们对学习的态度和行为方式，影响着他们的学习责任心和坚持性，影响着他们的成就动机。心理学家认为，孩子在成功时把主要原因归之于内部的努力，这样有利于激发孩子的学习责任感，有利于提高学习努力的程度，形成较高的成就动机。

 教子箴言

天才就是百分之九十九的汗水加百分之一的灵感。

——爱迪生

增强孩子的记忆力

记忆在智力结构中占有重要地位，是智力活动的基础。人的智力结构中的诸多因素都离不开记忆，没有记忆，无论是观察、想象、思维或注意都无法进行，所以我们要加强对孩子记忆力的辅导，以提高孩子的智力水平。

你可能遇到过这样的情况，当你问 5 岁的儿子今天在幼儿园都做了什么，他总是回答你："我忘记了!"即使你引导他，问他："今天在操场上都做了什么?"他好像仍然大脑一片空白，什么也说不出来。这时，他不是不想说，也不是故作深沉，而是他真的忘记了。忘记自己吃什么了、做什么了，对于五六岁的孩子一点儿也不奇怪。孩子们的记忆力现状令一些家长们担忧。

其实，记忆力和孩子们能学会的知识一样，也是一种技能，是可以通过锻炼提高的。也许有些父母会问，在日常养育中如何训练孩子的记忆力呢？我们认为，儿童的生活经验很少，训练记忆力可从掌握周围的日常生活知识中培养，这里有一些方法供家长们参考：

1. 在日常生活中，给孩子提出各种记忆任务，培养孩子的记忆习惯。比如周末带孩子去动物园之前，提醒让孩子留心动物园中有哪些动物、哪些植物、各种动物长得什么样、是怎么去动物园的等，晚上回家后要求孩子说给爷爷奶奶或其他人听。孩子复述时可以帮他们记录下来，使孩子产生一定的成就感。或者在讲故事前，让孩子注意故事中讲了哪些人、他们在干什么、说了什么话等。给孩子提出的记忆任务要尽量具体、难度适中，当孩子完成任务时要及时给予积极的反馈。

2. 孩子要有自己专用的毛巾、牙刷、牙杯和牙膏。把孩子的用具和爸爸妈妈的放在一起，每次洗漱时，让孩子自己拿取用具。换用毛巾、牙刷、牙膏时，挑选与原物不同色彩、不同形状或不同形象的物品，向孩子展示一下新用具，让他们比较与旧用具有什么不同。如果孩子一时说不出，可拿出旧用具让孩子比较。在以后洗漱时，看孩子能否正确取出自己的新用具，并让他们回忆新旧用具的不同之处。孩子对有"自主权"的东西有强烈的占有意识，利用孩子的这种独立意识进行训练，孩子会自觉地加强记忆。

3. 利用游戏，让孩子在玩中记。"哪里没有兴趣，哪里就没有记忆。"歌德的话正好说中了幼儿的记忆特点。明智的家长绝不能"命令"孩子记住这、记住那，而是让孩子在玩中学、玩中记。你只要想想"你拍一，我拍一，早早睡觉早早起……"这样的拍手歌，就不难想象利用游戏可以让孩子无意间记住多少东西了。可以训练幼儿记忆力的游戏很多，如说歌谣、讲故事、猜谜语、唱儿歌等。

4. 把孩子喜欢的玩具排成一队，举办庄严的命名仪式，让孩子为它们起名。可以从三个玩具开始，逐渐增加玩具。一段时间后，你跟孩子商量，由你给它们命名，然后让孩子复述。在孩子眼睛里，玩具都是伙伴，拟人化的命名，他们认为理所当然，因为孩子有名字，伙伴怎能没名字？而且由他们命名，他们当然更为兴奋。哪怕他们起的名字听上去含糊不清、不知所云、变化多端也没关系，主要的训练在于回忆他所起的名字。

5. 要让孩子养成主动记忆的习惯，就要给他们布置记忆的"作业"，也就是要事先告知。比如，带孩子出去散步前，在家的爷爷、奶奶或其他人表示羡慕状，要求孩子回来后告诉他们看到了什么。要求必须具体、单一、指示清晰———看看大树下有没有花儿、花园里小桌子装好了吗，等等。"作业"由一项向几项发展，记忆对象由一个地点逐渐扩展到多个地点……给孩子提出各种记忆任务，会激发孩子的独立感与自豪感，对培养孩子的记忆习惯有强化作用。

6. 给孩子讲一个简单的图画故事，事先提出要求：等会儿你讲给妈妈听。结合图画，你重复一些重点的语言、动作描述，重复的时候可以让孩子跟着复述，然后让孩子给你讲故事，在他们有困难的地方适当提醒一下。如果他们讲得与图书不一致不要去纠正，肯定他们的合理创造；如果不合理而导致故事无法继续，就适当帮他们"拐个弯儿"继续进行。如果能帮孩子录音下来，再以赞赏的态度放给他们和亲朋听，会让孩子很有成就感，效果更佳。

7. 在准备出去拜访客人之前，交给孩子一个任务：出门的时候让孩子提醒你带上某件礼物。把礼物放置在不太醒目的地方，然后带领孩子跟你一起做繁忙的出门准备，看最后孩子能否记得提醒你。让孩子一起做繁忙的出门准备，转移了孩子对礼物的注意力，调动起孩子的兴奋情绪，这对孩子的记忆力是个不小的考验。这个游戏对纠正丢三落四、粗心大意的习惯也有一定的作用。

8. 把孩子熟悉的玩具藏在一个纸盒里，或孩子可以看到的某个容器里面。你形容一下跟玩具有关的记忆特征，比如，我们昨天给它洗过澡的，某某小朋友很想玩的……让孩子猜一猜，里面藏的什么玩具。

这个游戏让孩子从瞬时记忆转向短时记忆和长时记忆，不但训练记忆力，对语言的理解力也有促进作用。

9. 给孩子一组同类物品的卡片，这些物品要在他们认知的范围里，比如衣物、水果、家具等。一组五六张、七八张不等，根据孩子的能力而定。让孩子说一说它们分别是什么，比如：衣服、裤子、裙子等，然后让孩子背过身，你再混进一张同类卡片，看孩子能否指出多了什么。用这种方法训练记忆，不但强化记忆能力，还能让孩子形成归类的思维方式。

10. 带孩子去购物时，让孩子数商店橱窗中商品的个数。家长和幼儿对比一下，看谁数得对，数得快。也可以增加一点难度，幼儿记住橱窗里商品后走开，过一会再回忆，看一看记住了多少。

11. 让孩子数天上的星星，至少数 30 个。数星星是件很难的事情，要求孩子的注意力高度集中，才不会受其他星星的干扰。在数的过程中容易发生的事是忘了刚才数过的星星，结果数重了。此时家长要告诉孩子，数重了要重新数。

12. 制订计划，家长和孩子商量明天要做的事情，例如，早晨干什么，中午干什么，晚上干什么。第二天，家长不要提醒孩子，到睡觉前看孩子计划执行得怎么样。

13. 给"无味"内容增添附加意义

要记的内容有意义，你可以让孩子在理解后再去记。如果是一些没有意义的材料呢？你可以引导孩子给要记的材料附加上"意义"。具体方法有：

（1）假想法。如让孩子记住富士山海拔 12365 英尺，就可以把富士山假想为"两岁"的山，即前两位数想成 12 个月（为一岁），后三位数想成 365 天（为一岁），这样一假想，就很容易记住了。

（2）形象法。看图识字要算最典型的形象法了。再如，让孩子记阿拉伯数字的字形，可以形象地想成：1 像铅笔细长条；2 像小鸭水上漂；3 像耳朵听声音；4 像小旗随风飘；5 像鱼钩来钓鱼；6 像豆芽咧嘴笑；7 像镰刀割青草；8 像麻花拧一遭；9 像勺子能吃饭；10 像鸡蛋做蛋糕。

（3）歌诀法。比如，"一三五七八十腊，三十一天整不差"的歌诀，可以帮助孩子很快记住哪个月份是 31 天。

（4）推导法。比如，孩子是 4 月份的生日，妈妈是 5 月份的生日，爸爸是 6 月份的生日。孩子只要记住一个人生日的所在月份，加以推导就全记住了。

教子箴言

记忆力并不是智慧，但没有记忆力还成什么智慧呢？

——哈柏

创新——做命运的建筑师

创新能力是孩子最有价值的能力之一。一个孩子将来有多大成就，在很大程度上和他的创新能力有关。作为家长，应该重视对孩子这方面能力的培养。

英国某家报纸曾举办一项高额奖金的有奖征答活动，题目是："在一个充气不足的热气球上，载着三位关系世界兴亡命运的科学家。第一位是环保专家，他的研究可拯救无数人们，免于因环境污染而面临死亡的厄运。第二位是核子专家，他有能力防止全球性的核子战争，使地球免于遭受灭亡的绝境。第三位是粮食专家，他能在不毛之地，运用专业知识成功培育食物，使几千万人脱离饥荒而亡的命运。此刻，热气球即将坠毁，必须丢出一个人以减轻载重，使其中两人得以存活，请问该丢下哪一位科学家？"

问题刊出之后，因为奖金数额庞大，信件如雪片飞来。在这些信中，每个人竭尽所能，甚至天马行空地阐述他们认为必须丢下哪位科学家的宏观见解。最后结果揭晓，巨额奖金的得主是一个小男孩。他的答案是："将最胖的那位科学家丢出去。"

如果是你，在没有看到正确答案之前，你会做出什么样的回答？

最初看到这个问题的时候，相信许多人会犯和绝大多数人同样的错误，那就是读完问题一直在考虑哪位科学家对人类的作用最小就把他丢下去。人们甚至可能在思考当今世界人们更需要什么？环境？和平？食物？都是同样的重要，丢下哪一位科学家对世界的损失都同样的巨大。舍谁？留谁？答案的选择似乎陷入了两难的境地。问题是，为什么一个孩子做出了正确的回答？

莫非这小男孩是一个神童？但看到问题的答案却又出奇的简单，即使是智力一般的人也能够想到。可为什么那么多的人（其中不乏教师、医生、工程师之类的高级人才）回答不出来？

无独有偶，《实话实说》曾经做过一期儿童节目，让孩子们谈谈自己的梦想。他们跃跃争先，各显奇招，让人耳目一新，他们什么梦都敢做：盖会飞的房子，飞遍名山大川；种能长漂亮衣服的大树，提高审美情趣；克隆与自己一模一样的人以假乱真，让他替自己做作业，替自己挨打。他们还把各大星球的职能重新分工：把月亮办成幼儿园，建立儿童乐园；让太阳生产热能，服务各大星球冬天取暖；让水星进行养殖，发展航海事业；在土星上种植粮食，满足人们的食用需求；在金星上印钞票，让中国全面进入小康；在木星上打家具，美化人们的生活……他们心疼地球太累了，想让地球好好休息休息！孩子们的想象太美妙了，好得出奇，他们的想象插上了翅膀，海阔天空，无遮无拦，他们的小脑袋瓜简直就是一个博大的自由王国，什么千奇百怪的念头都有。

孩子的想象力就是一座金库。那为什么我们的孩子长大以后似乎就失去了原有的灵性了？

一个众所周知的现象：我们的学生在国际奥林匹克竞赛中频频获得大奖，但代表世界最高水平的诺贝尔奖先后举办 96 次，获奖者达 1600 多人次，而中国作为占世界 1/5 人口的泱泱大国，却无一人获奖。杨振宁、李政道、朱棣文、丁肇中等华人，也是在美国的国土上获此殊荣的。

诺贝尔奖得主朱棣文说："美国学生的成绩不如中国学生，但有创新及冒险精神，往往创造出一些惊人的成就。"这也许是他们获得诺贝尔奖的最基本的原因吧。那我们孩子的创新思维哪里去了？

陶行知说："你的教鞭下有瓦特，你的冷眼里有牛顿，你的讥笑里有爱迪生。"他对束缚儿童思维的教育方法十分痛恨，以旧中国妇女遭遇"三寸金莲"的不幸命运作类比，为孩子们大声疾呼："今天裹，明天裹，今年裹，明年裹，似乎非把我们的孩子裹成'三寸金头'不可。如果中华民族不想以

'三寸金头'出现在国际舞台上唱'三花脸'，就要把裹头布一起解开，使中华民族的创造力突围而出！"

要解放孩子的头脑，使他们能想；要解放孩子的双手，使他们能干；要解放孩子的眼睛，使他们能看；要解放孩子的嘴，使他们能谈；要解放孩子的空间，使他们能到大自然大社会中取得更丰富的知识；要解放孩子的时间，让他们有机会学习人生，让创造性思维健康成长。

那么，家长应怎样培养孩子的创新能力呢？

1. 营造宽松愉悦的家庭氛围

校有校风，班有班风，家应该有家风。有利于孩子创新能力培养的家庭氛围必须是宽松、愉悦、和谐的。不管家庭成员有多少，也不管地位及年龄差距有多大，孩子与其他家庭成员之间的关系应该是平等的、民主的，应该是自由自在的，而不应该是压抑的、紧张的，甚至是恐怖的。

就目前而言，孩子与其他家庭成员之间的关系不恰当的表现主要有两种：一种是家长说了算，一切都得听家长的，孩子没有发言权，更没有决策权，包括孩子对自己的事的决策权；另一种是孩子说了算，孩子是太阳，是小皇帝，所有的家庭成员都围着孩子转，孩子怎么说家长就怎么办。这两种家风都不利于孩子创新能力的培养。宽松愉悦，有事大家商量，共同想办法，谁的主意好就听谁的，只有这样，孩子才能积极开动脑筋，从而形成创新意识和创新精神。

2. 减少外部压力，增强内部动机

对一些创造力很强的作家的研究发现，当他们从自己的内在兴趣出发进行创作时，往往能产生更富创造性的作品。当他们为了获得金钱或过分注意外部对他们的评价时，其作品往往平淡无奇。研究还发现，高创造性的人才都具有较强的抵制企图支配他们的各种外部压力的能力，他们很少屈从。屈从于外部压力，会在人身上诱发各种与创造过程不协调的动机。

因此，我们教孩子学习时应在内在兴趣上下功夫，增强孩子学习的内部动机。不应过多地使用惩罚、奖励、竞争等增加外部压力的方式督促孩子学习，要把孩子害怕犯错误、害怕得不到表扬的心理降低到最低限度。如果孩子过分担心受到处罚或批评，过分渴望实物奖励和表扬，就会影响内心的自由而阻碍创造性的发展，因为心理自由和心理安全是创造力得以表现的重要条件。

3. 经常带领孩子接触新鲜事物

知识是一切能力的基础，没有知识，对外面的世界一点儿也不了解、不熟悉，即使智商很高，也是不会有创新能力的。家长要根据孩子的年龄大小和生活环境，经常利用节假日带领孩子接触各种新鲜事物。住在农村的，可带孩子去城市，让他们认识认识城市的建筑、交通等设施；住在城市的，可带孩子去农村走走，让他们认识认识农作物、家畜、家禽以及欣赏欣赏田园风光，了解花鸟草虫的生存特性等。认识事物越多，想象的基础就越宽广，就越有可能触发新的灵感，产生新的想法。那种只想把孩子关在家里，只想让孩子写字、画画、背诗的方法，只会把孩子培养成书呆子，绝不可能培养成有创新能力的人。

4. 减少对孩子的控制，增加其选择自由

研究表明，自由选择会比强制选择带来更高的创造性。例如，让一组儿童自己选择活动中要用的材料，另一组儿童则由别人替他们做选择，结果前一组比后一组表现出高得多的创造性。鉴于这一研究结果，我们必须下大力气扭转管理与教学中对孩子控制得太死的传统做法，创造一个自由轻松的氛围，在活动内容、活动方式、活动材料、活动空间、活动伙伴等方面给孩子一定的选择自由。这对孩子创造性思维和创造性行为的发展是十分有益的。

教子箴言

天才的主要标记不是完美而是创造。

——亚瑟·柯斯勒

营造培养"天才"的环境

很多家长都有这样一种观点："孩子刚生下来的时候都是一样的，仅仅由于后天所处的环境不同，特别是儿童时期所处的环境不同，有的人可能成为天才或者英才，而更多的人则变成了凡夫俗子。即使是普通的孩子，只要教育得法，也会成为不平凡的人。"当然，这样的观点也有其片面性，他在强调环境对孩子的成长的作用时，忽视了他们在天赋上存在的差异。有这样一个例子：有两只刚刚出生的小狗，它们由一母所生。但是，两只小狗却完全不同，其中一只狗活泼可爱、聪明伶俐，另一只狗则愚蠢痴呆。这种差异完全是天生的，完全是由于它们的天性不同造成的。而另一个例子则证明了相反的观点。有两匹长得一模一样的小马。一匹交由一位庄稼人去喂养。但那个庄稼人非常贪得无厌，在这匹小马还没有发育健全时就用它来赚钱。最后，这匹小马变成了无价值的驮马。而另一匹小马托付给了一个聪明人，在他的精心喂养下，最后这匹小马竟成了日行千里的骏马。

以上这两则小故事代表了有关天才与成才的两种截然相反的观念，前者强调的是天赋，认为人的命运是由其天赋的大小决定的，而环境的作用是次要的。与此相反，后者则几乎视环境的作用为万能，天赋的作用则毫不重要。自古以来，在关于孩子的成长问题上，很多人更倾向于第一种观点。孩子的天赋当然是千差万别的，有的孩子多一点儿，有的孩子少一点儿。如果所有的孩子都受到一样的教育，那么他们的命运就取决于其禀赋的多少。可是今天的孩子大都受的是非常不完整的教育，他们的禀赋连一半也没有发挥出来。如果对一个智力平平的孩子实施有效的教育，最大限度地发挥他的禀赋，也会优于生下来天资聪颖但受到教育不完整的孩子。当然。如果对生下来就非常聪明的孩子施以同样的教育，那么前者肯定是赶不上后者的。根据上述理论，如果对生下来就具备高超禀赋的孩子施以良好的教育. 那他的发展就是不可估量的，但遗憾的是，人们对"天才"的教育往往是失败的。父母对孩子往往过分挑剔，挑剔太多，最终会引起孩子的逆反、压抑与怨恨，因父母施加的压力过大而半途而废的"天才"不是少数。

如果我们找到了隐藏在孩子身上的某一种特长，那么这就向我们提供了孩子发展方向的一种极大可能。大多数孩子也确实在以后的人生道路上，能在与此相关的领域里取得成就。但是我们还是不能过早地限定他的发展方向。我们不能说：瞧，这个孩子有运动特长，将来一定能成为一个世界冠军。我们把他送到某体育学校去，其他的课程孩子根本不需要学，他只要学会如何拿冠军就可以了。这里有一个兴趣的问题，一般来说，在某一个方面有优势，也相对会在这个方面有兴趣，但这不是绝对的。一个孩子在小时候发现的特长，有可能并不是他人生发展的最终方向。在童年时期，孩子的心理并不是那么稳定，外界的任何事情都有可能成为一个诱因，引导他走上一条完全不同的路。所以，在孩子还小的时候，不要太早限定他的发展方向。正确的做法是，即便是发现了孩子的特长，我们也要尽量让他全面发展。在这点上，著名物理学家杨振宁的父母是一个好榜样。

杨振宁6岁时，父亲杨武之学成归来，开始教儿子许多新的知识。他用大球和小球讲解太阳、地球和月亮的公转情形，教授英文字母，也教杨振宁一些算数……广博的知识开启了杨振宁的视野，也大大增加了他的求知欲。因此，杨振宁上小学后，数学和国文对他产生了很大的吸引力。到9岁、10岁的时候，杨振宁的数学天赋渐渐显现出来，到11岁入初中时，这一方面的能力更充分显现，但杨武之对此处之淡然。有一个暑假，杨振宁想让父亲教自己解析几何和微积分，当数学教授的父亲只是笑了笑，结果那一个暑假，杨振宁读了两个月的《孟子》。在杨武之的书架上，有许多英文和德文的书籍，杨振宁常常拿来翻看。但当时他的外文基础还不够，细节看不懂。他常捧着厚厚的书去找父亲，杨武之只是看着聪颖的儿子说"慢慢来，不要着急"，偶尔也会解释一两个基本概念给他听。杨振宁16岁了，该考大学了，杨武之这才不慌不忙地介绍儿子接触近代数学的精神，让儿子渐渐明白纯数学太虚，不够实用。杨振宁的目标转到化学上，但在准备入学时，他自修了高三的物理，发现物理更适合自己的口味。认为自己有学物理的气质，于是，他毫不犹豫选择了物理专业，而扎实的数学基础为他在物理上的成就铺平了道路，最终他获得了诺贝尔物理学奖。杨振宁曾经给一名家长写道："让你的孩子像正常孩子那样成长，不要过于急迫地施加压力学数学或是其他学科，因为人生是多方面的，我认为最主要的是在这个年龄要让他在心理上、学习上平衡发展。"

从杨振宁的成长足迹看来，虽然他很小就显示了数学方面的优势智能，但是他的父母并没有太早限定他的发展方向。杨振宁虽然从小表现出了过人的数学才能，但是在后来的成长过程中，他选择的不是数学，而是最感兴趣的物理。杨振宁的例子表明，发现了孩子的特长之后我们还要关注孩子的兴趣，尽量让他全面发展，让他有一个更健全的人格。也就是说，我们不能过早限定孩子的发展方向。

教子箴言

攀登科学文化的高峰，就要冲破不利条件限制，利用生活所提供的有利条件，并去创造新的条件。

——高士其

第八章

父母必备的赞赏技巧

赞赏孩子是家长常用的教育手段。细细审视家长们对孩子的赞赏，我们发现许多赞赏激动人心、催人奋进。在这些赞赏的激励下孩子好学上进、从自卑走向自信的孩子越来越多。但我们也发现如果是一些不得体的赞赏，不仅不会达到激励孩子上进的目的，而且还会产生一些副作用。

每天夸孩子一句话

俗话说："数子十过不如奖子一功"，"聪明的孩子都是夸出来的"。夸奖孩子、赞赏孩子、鼓励孩子，是家庭教育的一项重要艺术。孩子与成人一样，是喜欢被人夸奖称赞，不喜欢被人批评指责的。越是夸奖他，他就会做得越好。生活的例子证实，孩子在很小的时候就喜欢看别人的笑脸、听别人的夸奖。他听到赞扬的话，会高兴地拍手，还会在别人的鼓励下用面部表情和肢体动作表演小把戏。

夸奖不仅能使孩子获得愉悦快乐的情感体验，还能帮助孩子获得自信心，激发他积极向上的情绪和愿望，而这种自信心和积极性，是培养求知欲和探索精神，形成良好的心理品质的重要动力。

一位幼儿园图书馆的老师微笑着走上来，他的背后是整架整架的图书。

"孩子们，我来给你们讲个故事好不好？"

"好！"孩子们答道。

于是老师从书架上抽下一本书，讲了一个很浅显的童话。

"孩子们，"老师讲完故事后说，"这个故事就写在这本书中，这本书是一位作家写的，你们长大了也一样能写这样的书。"

老师停顿了一下，接着问："哪一位小朋友也能来给大家讲一个故事？"

一位小朋友立即站起来，"我有一个爸爸，还有一个妈妈，还有我……"幼稚的声音在厅中回荡。

然后老师用一张非常好的纸，很认真、很工整地把这个语无伦次的故事记录下来。

塑造孩子的一生:

让孩子无忧无虑地成长

"下面,"老师说,"哪位小朋友来给这个故事配个插图呢?"

又一位小朋友站了起来,画一个"爸爸",画一个"妈妈",再画一个"我"。当然画得很不像样子,但老师同样认真地接过来,附在那一页纸的后面,然后取出一张精美的封皮纸,把它们装订在一起。封面上写上作者的姓名、插图者的姓名,"出版"的年、月、日。

老师把这本"书"高高地举起来说:"孩子们,瞧,这是他俩合作写的第一本书。其实,写书并不难,你们还小,所以只能写这种小书,但是,等你们长大了,就能写大书,就能成为伟大的人物。"

这就是美国人的人生第一课,对我们的教育是否有所启发呢?

一项研究表明,经常受到家长、老师夸奖和很少受到家长、老师夸奖的孩子,前者成才率比后者高5倍!许多家长都知道:如果今天夸孩子的手干净,第二天他的手会更干净;如果今天夸他的字比昨天写得好了,明天他的字准会写得更工整;如果今天夸他讲礼貌了,明天他也会更注重礼貌……孩子毕竟是孩子,在受到大人的夸奖时,他不仅心情愉悦,而且懂得了什么是对的,什么是错的,什么是大人提倡的,什么是大人反对的。这样,比家长直接对他说应该做什么、不应该做什么,效果要好得多。

杰非常聪明,可就是不爱学习,每次考试成绩都很差,班主任老师对他失去了信心,经常训斥他。后来班主任换了一位老师,她是优秀教师,得到很多同学的喜爱。期中考试时,杰只得了54分,老师却给了他60分。然而,老师又佯装发动学生查自己的分数,看有没有把分数统计错。经过一番思想斗争,杰终于举起了小手。老师表扬了他的诚实。然后,她对全班同学说:"杰这6分没有统计错,这是我暂时借给他的,我相信杰期末考试时会把这6分还给我。"从此,杰的学习不断提高。

做父母的哪有不望子成龙的,可"棍棒底下出秀才"那种传统的教育方式早应随着时间的推移而"流产"了,对待孩子,我们要像朋友一样互相尊重。记得有位名人说过,聪明的孩子是在爱、表扬与鼓励中长大的。叶圣陶说：教育的重点是"育"。孩子如幼苗，如花朵，成长的过程需要阳光的照耀、雨露的滋润，而不是风霜的侵袭。让我们多给孩子一些赞美吧！因为那就是孩子的阳光和雨露。

可能有些家长说孩子的表现不佳，没什么好赞美的，假如你这样想，就大错特错了。孩子在成长，每天都会有变化。做父母的一定要善于发现孩子身上那些积极的变化。比如孩子对知识的渴求，孩子的善良和单纯。凡是正面的表现都要及时发现，并给予鼓励。

孩子的良好习惯的养成，也是一点一滴微小的进步累计起来的，家长应该用放大镜去发掘孩子的优点，譬如孩子昨天做作业时不用大人提醒，这就是进步，如果你写一张纸条：孩子，妈妈（爸爸）今天看到你长大了，能自觉完成作业，不再让我操心了，妈妈（爸爸）好开心，如果每天都能这样做就更棒了！孩子，妈妈（爸爸）相信你一定能做到的！然后把它放在孩子的枕头边让他（她）一觉醒来后看到，这样你的孩子当天肯定有一个好心情而且今天会比昨天做得更好。

还有很多的生活细节，洗脸、刷牙、穿衣服等等，只要家长把心细下来了，孩子的进步也就更明显了。

早点行动起来吧，你每天付出的几分钟时间，换来的，将是让你宽慰的一天、一个月、一年……

另外建议家长让孩子把你写的纸条保留下来，或贴在本子上，或放在一个盒子里，周末与孩子一起回顾一下他的成长历程，与他（她）一起分享成功的喜悦。希望家长能试验一下，也许这小小的举措就会带给你意想不到的惊喜。

教子箴言

每个儿童出生时就有的潜在智能比达·芬奇使用的还要大得多。

——格伦·多曼

多角度赏识，让孩子充满自信

尊重和爱是孩子的基本心理需要，由衷地欣赏、赞美孩子，需要家长学会从多个角度发现孩子的闪光点，用发自内心的喜悦感染、打动孩子，使其保持健康积极的心理状态。

角度一：正面强化、赞扬孩子众所周知的优点

6岁的卡斯帕很有环保意识，常把小区里的果皮、纸屑捡起来放进垃圾箱，被小区管理处评为"环保小卫士"。可是，最近卡斯帕保护环境没有以往积极了，因为爸爸妈妈觉得孩子环保方面的表现已经受到了肯定，便不再表扬他这种行为，卡斯帕拿回"环保小卫士"的奖状时，他们只是随意看了一眼，就再也没有提起。孩子的积极性受到了打击，慢慢失去了保护环境的兴趣。

孩子在表现优秀的时候，最期望听到爸爸、妈妈的鼓励与肯定。积极的正面肯定，才能使孩子感受到父母发自内心的爱和喜悦，给孩子带来愉快的心理感受，强化他正面的表现，促使他努力做得更加完美。

角度二：全面肯定，赏识孩子的优点

调皮的丹尼常会给父母招惹一些小麻烦，但有时也会主动做些好事，把摔倒的小朋友从地上扶起来，帮粗心的阿姨找到丢在角落里的钥匙……

看到丹尼帮助人的时候，爸爸、妈妈总会充满喜悦地赞扬孩子："丹尼真懂事，这么小就知道帮助别人，将来长大了一定会了不起！"在父母的赞扬声中，丹尼一天天懂事了，不再沉湎于捉弄别人带来的小小乐趣，而把精力转移到帮助别人上。

爸爸妈妈发自内心的赞扬是引导孩子一步步走向真、善、美的动力。家长如果总是把眼光盯在孩子的过错上不放，就会心生焦虑，对孩子的教育缺乏耐心与信心，会导致孩子往消极的方向发展。在纠正孩子捣乱等错误行为的同时，用心发现他身上的优点，细心捕捉他的每一点进步，及时加以肯定和鼓励，孩子就会逐步改掉不良习惯，强化优秀的品质。

角度三：沙中淘金，赏识孩子错误中的闪光点

刚上小学的萨姆成绩不太好，很少受到父母和老师的表扬。在学校的一次表扬大会上，很多做了好事的孩子都得到了表扬，让萨姆十分羡慕。一天，他交给老师100元，说是在上学路上拾到的，当天就受到了学校广播站的表扬，这让萨姆兴奋得满脸通红。

那一天，他读书的声音特别响亮，作业写得特别工整。可是第二天，萨姆却垂头丧气地来到了学校，原来他为了得到表扬，竟然偷拿了家里100元，被爸爸发现后暴打一顿。幸好老师了解到真相后及时和家长联系，做父母的也检讨了自己的冲动行为，肯定了孩子的出发点是好的，才慢慢让萨姆又找回了笑容。

在工作和生活中，成人因为期望得到别人的尊重与肯定，偶尔也会犯些连自己都难以置信的错误，小小年纪的孩子又怎么能够避免呢？发生这样的事情时，家长一定要头脑保持冷静，客观分析孩子这样做的深层原因。如果孩子是为了获得尊重和肯定而犯的错误，至少有令人欣慰的地方：孩子想听表扬，想要上进。家长要肯定这一点，多找机会表扬孩子，满足他们的心理需要，在此基础上引导孩子用正确的方式来获得肯定。

角度四：独辟蹊径，赏识孩子的与众不同点

米娅性格有些内向，常被小朋友冷落。因此她不太喜欢出门，闲下来时就给家里的小狗洗澡、梳理皮毛，把学习和生活中发生的事编成故事说给它听。米娅的父母担心孩子将来不能与人和谐相处，但转念一想，光着急也没有用，还不如引导孩子把说给小狗听的故事记录下来。米娅妈妈把记下的孩

子的故事投到儿童杂志，竟然有几篇发表了，这让米娅感到了成功与快乐，不少小朋友也开始要求米娅讲故事给他们听，时间长了，米娅性格逐渐变得开朗起来。

世界上没有两片完全相同的树叶，也不会有两个相同的孩子，每个孩子都有自身的特点，有着轻微自我封闭倾向的孩子有时更会令大人觉得难以理解。这些特点是孩子人格的一部分，简单的斥责和生硬的要求只能激起孩子的逆反心理，把他推向不健全人格的深渊。发现孩子具有负面的性格特点时，家长先要反省自己的教育方式，寻找孩子特殊性格中的积极因素，因势利导，帮助孩子一步步走出狭隘的天地，在人际交往和社会生活中找到更多的乐趣，逐渐成为一个优秀的孩子。

教子箴言

法国大雕塑家罗丹曾说："这世界不是缺少美，而是缺少发现美的眼睛。"我们在对孩子进行素质教育时，总觉得自己的孩子不美，其实你的孩子就是一方美丽的"璞玉"，等待着你的发现之眼，等待着你的"精雕细刻"！

——崔涌

对孩子的每一点进步都要肯定

丽贝卡是少年宫的钢琴老师，这段时间，她正在教一批新学生学钢琴。在这批孩子中，有一个叫阿尔瓦的小男孩，他学钢琴非常刻苦，虽然刚开始的时候入门比较慢，但后来慢慢地进入了状态，弹得越来越好，她觉得这个孩子很有潜力。

可是，丽贝卡发现阿尔瓦已经两个周末没有来学琴了。她感到非常奇怪，于是她拨通了阿尔瓦家里的电话，接电话的正是阿尔瓦。

"阿尔瓦，这两个周末怎么没有来学琴呢？"

"妈妈不让我去了。"阿尔瓦小声地说。

"为什么不让你来了呢？家里有什么事吗？"

"没什么事，因为妈妈认为我学不好，再学下去也是耽误时间。"

"怎么会呢，你学得很努力，进步也很快，妈妈为什么会这么说？"

"我每次学完琴回家，妈妈总让我弹给她听。每次弹完，她都说弹得不好，一点进步都没有，就不让我学了。"

挂了电话，丽贝卡为阿尔瓦的妈妈感到悲哀。

无视孩子的进步，仅仅因为孩子没有达到"最佳"或自己心目中理想的标准，就全盘抹杀孩子的成绩，这是对孩子的一种伤害。也许在无意中，会因为父母过高的期望而葬送掉一个科学家或艺术家。

孩子在学习或者生活中总会有一些让父母不满意的地方：成绩没有别人好、做事没有别人快、脑筋没有别人聪明……但是，孩子一直都在进步，这才是最重要的。

　　应该珍视孩子的进步，在孩子看来，只要自己取得一点点进步，父母就应该是高兴的，就应该表扬自己。可是有的父母不会站在孩子的角度看问题，总是用大人的标准要求孩子，因而孩子很多时候很难达到父母的要求。这样一来，孩子就很难看见自己的进步，就会产生自己没有用的想法，从而丧失了前进的动力。

　　因此，随时都要看到孩子的进步，尤其是在孩子表现不好或者成效不明显的时候，不要打击孩子的信心和积极性，而是应该善于发现孩子哪怕是一点点的进步，对孩子的表现给予宽容，对孩子的进步给予赏识，这将会让孩子建立或者重新建立做好事情的勇气和信心。

　　期末考试的成绩下来了，艾德文只考了第二十名，而他的同桌考了第一名。回到家，他问妈妈："我是不是比别人笨？我觉得我和同桌一样听老师的话，一样认真地做作业。可是，为什么我考第二十名，而她考第一名？"

　　妈妈抚摸着艾德文的头，温柔地说："你已经比以前进步了，以后会越来越好的。"

　　第二学期的期末考试，艾德文考了第十五名，而他的同桌还是第一名。艾德文还是想不通，又向妈妈问了同样的问题。妈妈还是说："你比上学期又进步了，以后会越来越好的！"

　　艾德文小学毕业了，虽然他还是没有赶上他的同桌，但他的成绩一直在提高，已经进入前十名了。

　　暑假里，妈妈带着艾德文去看大海。母子俩坐在海滩上，看那些在海边争食的海鸟。他们发现，越是体型比较小的海鸟越能迅速地起飞；而那些体型比较大的鸟比如海鸥却显得非常笨拙，起飞很慢。这时，妈妈对艾德文说："孩子，海鸥虽然起飞慢，但是真正能飞越大海、横穿大洋的还是它们。"

　　初中的时候，艾德文的成绩已经名列前茅了。到了高中，他成了全校著名的尖子生，最后以全校第一名的成绩考入了哈佛大学。

　　这个故事是耐人寻味的。发现并赏识孩子的进步，不仅影响到孩子学习和做事的效果，而且还会影响到孩子对学习和做事的态度。事实证明：孩子喜欢某一门课程，很多时候是因为放学回家后有人愿意了解他们的学习情况，并肯定他们的进步。有的孩子说："我喜欢音乐课，因为回家后可以唱歌给爸爸妈妈听，他们可喜欢听了。"也有的孩子说："我喜欢数学课，因为回家后算数学经常得到妈妈的赞扬。"如果我们对孩子的进步不听、不看、不肯定、不赞扬，孩子的学习态度肯定会受到打击。

有这样一段很精彩的话：假如你的孩子不能成长为参天大树，那就让他做一棵默默无闻的小草吧，他一样可以给你带来春天的美丽；假如你的孩子不能成为一片汪洋，那就让他做一朵最小的浪花吧，他同样可以带给你跳动的喜悦；假如你的孩子不能成为一位名人，那就让他做一个平凡的人，无论是地地道道的农民，或是普普通通的工人，也无论是一名军人还是一位商人，只要他诚实、正直、善良、上进，为父母者都应感到骄傲，因为他们培养出来的孩子是一个对社会有用的人，这就足够了。

当孩子在学习和生活中取得进步，哪怕是很小的进步，作为父母，你都应该说："孩子，你比以前进步多了，继续努力，一定会越来越好的。"

当孩子做事的成效不明显时，不要打击孩子的积极性，要对他说："你每天都在进步，别着急，会好起来的！"

教子箴言

成功的家教造就成功的孩子，失败的家教造就失败的孩子。

——泰曼·约翰逊

让孩子感到被重视

只有感到被人尊重，孩子才可能学会自尊，并尊重别人，而自尊和尊重他人是孩子养成健康人格的前提。由于孩子还不成熟，自尊意识往往处于萌芽状态，特别容易受到伤害，一旦他们的自尊受到伤害，他们便会用诸多的"不听话"来进行对抗。

所以，父母应当具有保护孩子自尊权利的意识，给孩子足够的尊重。教育专家指出：父母是否尊重孩子，将对孩子一生的发展起非常重要的作用。

传统的观点往往认为，孩子是父母的附属物，父母给他什么就是什么，孩子本身并不具有索取的理由。事实上并不是这样，孩子有他应得的东西，比如，受教育的权利，被尊重的权利。

其实，很多时候，父母将成人间的那种处理问题的技巧和方法以及宽容的态度用到孩子身上，就很让孩子感动了。但很多时候，父母对孩子没有尊重的意识。孩子在被责备后，大多不知道如何捍卫自己的权利。懦弱的孩子对父母的决定和误判只能是承受，而勇敢的孩子就会起来反抗，结果造成孩子的"不听话"。

一天老师对丁雪娟说，暑期有一个国际海洋夏令营，给她儿子一次参与的机会。老师如此关照，学生父母能不千恩万谢吗？事情就这么定下来，虽然儿子知道后反应平淡。不久，开始办理夏令营手续。6天活动，交费1600元。在当时，丁雪娟知道价格偏高，可还能去砍价吗？只能乖乖如数交钱。

谁知，儿子参加夏令营的事前培训之后，回家宣布："这个夏令营是骗人的！6天改5天，又没有多少海洋活动，我不去了！""钱都交了，怎么能不去呢？""退钱呗，有什么了不起的！"儿子态度挺坚决。

这件事让丁雪娟有些犯愁。校长给的机会，怎么好意思退？再说，多一天少一天有什么大区别？去了就会有收获嘛。这种惯性的理由在丁雪娟心中上升的时候，另一种声音响了起来："要做孩子的法官，先当孩子的律师。"丁雪娟突然意识到，儿子的想法是有道理的，而一味忍让的态度不应让孩子接受，为什么不就势给孩子一次机会呢？

丁雪娟调整了一下心态，平静地说："去不去参加夏令营是你的权利。如果决定不去，你要负责向有关老师解释清楚，并办好退营的手续，行吗？"

稍有社会经验的人都明白，退营是一件挺麻烦的事，谁办夏令营愿意参加者退营呢？况且，这一次是区、校两级参与，又已经到了出发前的培训阶段。不料，儿子却毫不犹豫，一口答应下来。第二天，儿子办妥了全部退营手续，1600元钱如数交回。

孩子对自己的权利的意识在幼年时期处于萌芽状态，父母肩负着唤醒孩子权利意识的任务，一定要尊重孩子的权利，并且指导孩子"这是你的权利"，"你可以决定这件事情"等。久而久之，孩子的权利意识就会从无到有，从弱到强，就会知道捍卫自己的权利了。

父母如何才能让孩子感到被重视呢？不妨按照下面的方法来做：

1. 让孩子自己做主

尊重孩子的每一个选择，给孩子自主决定的机会。尊重孩子的权利，就是要征得孩子的同意，让孩子有选择的机会并且在尊重孩子的基础上给予引导，这也是父母应为孩子负起的一个责任。

2. 对待孩子要平等

父母要平等对待每一个孩子。不管他是怎样的孩子，父母都应该以一颗爱心去宽容和接纳他。不要歧视孩子，以防给孩子的心灵带来伤害。

3. 尊重孩子的隐私

父母不要总希望控制孩子们的一举一动，要真正了解孩子，必须首先给孩子尊重。父母进入孩子房间应该先敲门，移动或用孩子的东西应该得到他的允许，任何牵涉到孩子的决定应该先和他商谈，不能随意翻看孩子的日记，应该尊重孩子的所有权，把他当作一个成人一样尊重。

4. 尊重孩子的人格

作为父母一定要尊重孩子的人格，不要把孩子当成自己的私有财产。维护孩子的人格尊严是每个父母的责任。不论孩子大小，他们都是实实在在的一个人，这就是说父母要尊重孩子的人格，与孩子平等相处，保护孩子的自尊心，用欣赏的眼光、鼓励性的话语去真诚而积极地评价孩子。

尊重孩子，不仅对转变孩子的不听话有着莫大的作用，还对培养孩子的独立性、创造性、不畏困难的精神、健康的自我意识等良好个性，有着积极的推动作用。

教子箴言

一个具有天才的人——具有超人的性格，绝不遵循通常人的思想和途径。

——司汤达

赏识不等于简单的赞扬和鼓励

下面这些漂亮话你一定对孩子说过不止一次，因为不少家教文章就是这么教父母的。

例一：沃伦从幼儿园回来后对妈妈说："我一点儿也不喜欢兰德尔。"

妈妈回答："别这么说，兰德尔是个好孩子。"

你本意是希望孩子能与他人友好相处，不想他对别人过分地指责。但孩子毕竟是在向你表达观点，你不加分析地就一口否定，等于也否认他对小伙伴的判断力，很可能抑制他今后判断他人、发展人际关系的能力。

孩子不喜欢他人总有一些理由，还是同孩子聊聊吧，问问他："兰德尔对你怎么了？他做了什么事情让你不高兴了？下次碰到他准备怎么办？"通过这种方式来解决孩子间的问题。

例二：6 岁的塞缪尔告诉妈妈今天她的画得到了老师的表扬。

妈妈回答："我早就知道你是最棒的。"

如果总是用"最漂亮的""最可爱的""最能干的"这样的语言鼓励孩子，会在不知不觉中给孩子太多的压力，令孩子对自己的期望过高。一旦孩子渐渐发觉并非如此，反过来有可能导致自我怀疑，并随之产生自卑、嫉妒等负面情绪。

不要不切实际地表扬孩子。"今天你真漂亮"比"你是最漂亮的"要好得多。"这个故事真有趣"比"你讲故事是全班最棒的"更合理。

例三：曼达从幼儿园回来闷闷不乐，因为小朋友嘲笑她有个大蒜头鼻子。

妈妈回答："你的鼻子挺漂亮啊，妈妈就喜欢你这个样子。"

妈妈当然知道自己不过是在宽慰孩子，可是你觉得孩子就不知道吗？这宽慰并不能真正解决孩子的问题。她甚至可能会因为你不理解她的伤心，从而一个人把不快压在心底，不再对你说什么，在今后的社交中出现心理障碍。

正确的做法应该是先问问她是不是在和谁做比较，然后告诉她每个人的相貌都有自己的特点，这是无法比较的。多说几次孩子就会习惯于接受现实。当然，对于能够改变的现实你也可以给孩子提出积极的建议，比如说孩子认为她不够高大，你可以鼓励她多吃饭、多参加运动。无论怎样，你首先要表现出理解孩子的不快，千万不要一上来就乱安慰。

"赏识"不能简单地等同于"赞扬"或"奖励"，如果说后两者更多地针对孩子已完成的良好行为、已取得的优秀成绩，目的是给予孩子肯定的评价，那么，赏识的更大的作用应该是针对孩子做事的过程、努力的过程，目的是让孩子有信心坚持下去。

1. 为孩子设定小目标

不要认为赏识一定要夸奖孩子，针对孩子的实际情况，为孩子设定一个够得着的小目标，这本身就是一种有效的赏识，而且这种情况下的赏识不会产生副作用。

让孩子养成一个习惯，在晚上睡觉前问自己一个问题，比如：今天，我为我的目标做了些什么？不要求孩子记日记，但鼓励孩子在"目标日历"上写点或画点什么，比如画上一张笑脸……

2. 在孩子犹豫迟疑的时候给予支持和鼓励

赏识最发挥作用的时候，应该是孩子想"跳"又有点怕的时候。这时，"赏识"就是一只有力的手在孩子后面用力推一把。尽量少用奖励诱惑孩子，要让孩子前进的动力来自自身，而不是外在的诱惑。不要过分强调孩子的潜能，强调孩子"一定能行"，这种办法对一部分孩子管用，而对另一些天性比较胆怯的孩子来说，可能反而增加了心理负担。

3. 在孩子失败的时候加以赏识

　　失败的时候也要赏识吗？有些父母可能不理解。其实，孩子失败的时候可能更需要这件武器。如果这时不"赏识"孩子，孩子可能得到的不仅是失败，而且还有失败留给他的沮丧心情，这可比失败本身可怕多了。

　　不要讳言孩子的失败。失败就是失败，怎么样也不能把失败说成成功，这是没有说服力的。同时，也不能把失败归因于客观因素，让孩子正确面对自己的失败，这是第一课，也是很重要的一课。

教子箴言

　　如果我们一定要说我们的孩子今天不会玩，追根究底，我们做父母的可能要负很大的责任。

——宋涛

赏识孩子的努力，而不是赞扬他的聪明

有一位到北欧做访问学者的人经历过这样一件事：

周末，她到当地的一位教授家中做客。一进门，她就看到了教授 5 岁的小女儿。小女孩满头金发，漂亮的蓝眼睛让人觉得特别清新，她不禁在心里称赞小女孩长得漂亮。当她把从中国带去的礼物送给小女孩的时候，小女孩微笑着向她道谢。这时，她禁不住夸奖道："你长得这么漂亮，真是可爱极了！"

这种夸奖是中国父母最喜欢用的，但是，那位北欧教授却并不领情。在小女孩离开后，教授的脸色一下子就阴沉下来，并对中国访问学者说："你伤害了我的女儿，你要向她道歉。"

访问学者非常惊奇，说："我只是夸奖了你女儿，并没有伤害她呀？"但是，教授坚决地摇了摇头，说："你是因为她的漂亮而夸奖她，但漂亮这件事，不是她的功劳，这取决于我和她父亲的遗传基因，与她个人基本上没有关系。但孩子还很小，不会分辨，你的夸奖就会让她认为这是她的本领。而且她一旦认为天生的漂亮是值得骄傲的资本，就会看不起长相平平甚至丑陋的孩子，这就给她造成了误区。其实，你可以夸奖她的微笑和有礼貌，这是她自己努力的结果。所以，请你为你刚才的夸奖道歉。"

中国的访问学者只好很正式地向教授的小女儿道了歉，同时赞扬了她的微笑和礼貌。

这件事让这位访问学者明白了一个道理：赏识孩子的时候，只能赏识孩子的努力，而不应该赏识孩子的聪明与漂亮。因为聪明与漂亮是先天的优势，而不是值得炫耀的资本和技能，但努力则不然，它是孩子后天的个人行为，

应该予以肯定。

在人生的旅程中，聪明的人，常常在最后变笨了；而笨的人，却常常在最后变聪明了。遇到寒冷酷热，聪明的人逃开了；笨的人亲身尝试，却意外地在寒冷酷热中成长。笨的人逐渐认识到："努力不一定会成功，但成功却永远需要努力。"孩子的容貌也是如此，长得怎么样不能决定孩子以后生活得怎样。大多数情况下，努力才是决定孩子今后生存状态的重要因素。

聪明是一种个人资源，从大人到孩子，人们都会为自己拥有这一资源而自信和自豪。所以，孩子都愿意别人夸他聪明，甚至有很多孩子为了得到聪明的"头衔"，常常在同伴面前装作不怎么努力的样子，但回到家里却拼命地学，从而保证好的成绩。这样一来，很多孩子都形成一种错觉，以为聪明就是一学就会，样样都会，不需要努力就能取得成绩，所以争相效仿，导致很多孩子都不努力学习。

那些经常被称赞为聪明的孩子，往往把分数看成自己的聪明所得，把分数高低看得比什么都重要，一遇挫折就容易灰心，且不愿意也不敢接受新的挑战；而那些被夸奖为努力的孩子，则更愿意做出新的大胆尝试，会尽自己最大努力把它们做好。所以，家长若想激励孩子在学习上取得更好的成绩，最好的办法不是赞扬他们聪明，而是鼓励他们刻苦学习。

史蒂文小的时候学东西比别的孩子慢半拍，为此，他的父母非常苦恼。史蒂文上小学了，就当父母都认为史蒂文不会有什么好成绩的时候，史蒂文却带回了一张100分的试卷。这是一张数学测验的试卷，上面被老师画满了红色的钩钩。

"这是你的卷子吗？"爸爸吃惊地问史蒂文。

"当然是我的，上面有我的名字啊！"史蒂文自豪地对爸爸说。

"史蒂文真不错，告诉妈妈你是怎么考出这么好的成绩的？"妈妈问道。

"老师讲课的时候我经常听不太懂，所以下课之后同学们都出去玩，我就把不懂的地方拿去问老师，老师再给我讲一遍，我就全懂了！做作业的时候如果有不会做的题，我就把老师讲的课再复习一遍，不会做的题也就会做了。所以考试的那些题目我都会做，就考了 100 分。"史蒂文高兴地对妈妈说。

听了史蒂文的话，妈妈的眼圈一下子红了：虽然自己的孩子算不上聪明，却如此好学和努力。

"史蒂文真努力，是我们的好孩子!"妈妈含着泪说。

有一位老师曾经这样表达他的观点：在一个学校或者班级，通常有两种学生是最受老师喜爱的：一种是非常聪明又非常努力，从来都不因为自己的聪明而骄傲自满的；另一种是不算聪明却非常努力，从来都不为自己的不聪明而自卑的。由此可见，努力的孩子到哪里都是受欢迎的。

作为父母，应该赏识孩子的勤奋和努力，对他们的努力给予最热情的支持和鼓励。不要因为自己孩子的不聪明而气馁，而应该为孩子的不努力而担心。很多情况下，父母应该故意淡忘孩子的聪明，而重视孩子的努力，并把这种理念传递给孩子，让他们感觉到只有努力才能获得父母的认可和夸奖，进而逐步明白一个道理：聪明往往只能决定一时的成败，而努力则决定了一世的命运。

当孩子在学习或其他方面取得优异成绩时，不要把这个成绩归功于孩子的先天优势，而是把关注点集中在孩子的后天努力上。应该告诉他："成绩真不错，这都是你努力学习的结果!"

当孩子通过自己的努力做好了一件事情的时候，父母应该这样赏识和赞扬他："真是个努力的好孩子!"

教子箴言

没有油画、雕塑、音乐、诗歌以及各种自然美所引起的情感，人生乐趣会失掉一半。

——斯宾塞

别让你的赞赏太廉价

适当的夸奖对幼小的孩子像禾苗遇到阳光，得到的是光明、温暖和成长的希望。但我们也应该看到夸奖作为教育孩子的一种手段，在父母的广泛运用中存在一些不当的问题，并且造成了越来越多的不良后果。

比尔的父母对他非常溺爱，平常无论他的行为对与错，父母总是哄着他说："我家宝宝最乖了。""你真听话。"比尔自我意识很强，对这样的话根本不理会，经常我行我素，耍性子，缺乏自制能力。在幼儿园他很不合群，对各种活动参与热情不高，不爱动脑筋。

比尔的问题就在于父母的夸奖太廉价。他们嘴上时刻挂着夸奖的话，不论孩子做了什么，做得对与错，一律是"真好""真聪明""真乖"的赞赏。时间长了，孩子对父母毫无目的的廉价夸奖无动于衷，谈不上获得荣誉感，也不会珍惜，反而阻碍了独立精神的培养。

做父母的应该懂得，人的心理往往是越容易得到的东西越不会引起重视和珍惜。孩子也是如此，不经过努力便得到的夸奖是廉价的，对他起不到激励的作用。

艾琳画了一幅"我家的房子"，兴冲冲地举着画让妈妈评价。艾琳妈妈像大多数家长那样夸奖说："真漂亮！你画得好极了。"这样的夸奖似乎很自然，好像没什么错。但是仔细想来，如果你总是这样夸奖孩子，她会觉得不过如此，今后不再相信你的评价，或者认为画画是很简单的事情，一旦遇到问题反倒对自己的能力产生怀疑。

其实，如果你换一种方式说："你一定动了脑筋有了灵感，才画出了这么美的颜色和线条。快告诉我你是怎么想的，这里为什么要画成圆形，为什么要选翠绿的颜色？"孩子会很乐意回答你提的问题，给你讲她画画的过程。

采用这种方式是重本质，是在评论孩子为画画所付出的努力，而不是单纯地对事情的结果做出好与坏的判断。重本质的夸奖能够激励孩子的积极行动，如同给他们增加了继续画画的动力。

从一般意义上讲，我们夸奖孩子的方式经常可以分为三种：

第一种，针对孩子的个人特质的夸奖，常说："你真棒！""你真聪明！"这种夸奖方式对孩子起到的效果最差。因为，常受到父母用个人取向方式夸奖的孩子，遇到新的任务时，更愿意挑选那些能使自己成功的任务，以换取再次的夸奖，想永远当大人眼中的聪明宝宝。他们害怕失败，也总是逃避有困难的任务，实在躲不开的话，他们多数会放弃努力，甩手不干了。

第二种，针对孩子完成任务的过程所做出的努力和运用的智慧来夸奖，常说："你真努力！""你的方法很好！"这种夸奖方式起到的效果最好。因为，孩子常常听到父母这样的夸奖后，不会感到有压力，既不会因为一个小的成功而沾沾自喜，也不会碰到一次失败而灰心丧气。他们能够正确面对失败和错误，不论遇到什么样的困难任务都会自己加倍努力坚持到底，试着用各种方法和窍门去攻克难关、完成任务。他们把心思放在提高自己的技能上面，并不在乎自己在别人心中的形象如何。

第三种，针对孩子完成任务的结果去夸奖，常说："你做对了！""你干得很棒！"这种夸奖方式起到的效果比第二种的夸奖方法效果要差一些。因为父母仅就孩子某次行为成功的结果去夸奖，使他们觉得好的结果是最重要的，"如果下次我失败了，我就是愚笨的"。因此，当他遇到失败时，就会变得沮丧、自我价值感降低，自信心和抗挫折能力减弱。

因此父母夸奖孩子应该多采用过程取向的方式，引导孩子关注完成任务的过程，肯定他们努力完成任务而开动脑筋所付出一些辛劳和技能。然而我们现在的许多家长尤其是妈妈，总是对自己的独生子女赞不绝口，时常把

"你太棒了""你真聪明""你真是个好孩子"的话挂在嘴边，希望能夸出个好孩子来，实际的效果却并不尽如人意。

一些幼教专家也专门就夸奖这个课题进行了研究。他们为幼儿园的孩子设计了一些非语言性的难题。当孩子们完成后，他们对其中的一部分孩子说："你们答对了8道题，你们很聪明。"而对另外的一部分孩子却说："你们答对了8道题，你们确实付出了很大的努力。"在此之后，立即给这些孩子两种新任务让他们选择：一种是较容易完成、并有把握做得非常好的任务。另一种是比较难完成、并有可能会出点小差错，但能够从中学到一些重要的新技能的任务。

接下来专家看到，那些被夸奖为聪明的孩子中的一大半都会选择较容易完成的任务，因为他们只想再次得到聪明的夸奖，不想承担失败或出错的风险。而那些被夸奖付出努力的孩子几乎都选择了比较难完成的任务，他们对挑战新事物很感兴趣。

这个研究结果再一次告诉我们，如果你总是一味地夸奖孩子聪明，随着时间的推移，他会把一切好的结果与脑子聪明画等号，今后他做成了一件事情就会认为自己很聪明。如果遇到了挫折，他则可能以此判定"我不聪明"，还会因此失去学习的兴趣。所以，只有当你为孩子付出的努力而夸奖他时，他才会明白父母最看重的是他付出的努力，他愿意在父母的鼓励下加倍努力，寻求更多的挑战。

教子箴言

要解放孩子的头脑、双手、脚、空间、时间，使他们充分得到自由的生活，从自由的生活中得到真正的教育。

——陶行知

该说"不"时就说"不"

我们随时会遇到一些孩子，他们为了得到自己想要的东西，往往哭天喊地地逼迫父母。结果不少父母在孩子的巨大压力下，或打孩子、或骂孩子，但最终还是讨饶求降了。"你烦不烦人，又不是不给你!""行了，再别哭了，爸（妈）给你就是了。"

孩子哭着要东西的时候究竟应该怎么办? 18 世纪法国著名教育家卢梭告诉我们，当一个孩子哭着要这要那的时候，"不论他是为了想更快地得到那个东西，还是为了使别人不敢不给，都应当干脆地加以拒绝"。他说，"如果你一看见他流眼泪就给他东西，那就等于鼓励他哭泣。这是在教他怀疑你的好意，而且还以为对你的硬讨比温和的索取更有效果"。一旦如此，只要他们的欲望得不到满足，他们就会哭着来要挟父母，逼迫父母就范。孩子的欲望是无止境的，总有一天父母要拒绝他们。而那时的拒绝比当初的拒绝给孩子的打击要大得多。当孩子放纵的欲望最终被拒绝时，轻者会造成孩子的焦虑恐惧、烦躁不安和悲愤绝望。严重情况下，还会引起孩子轻生自杀的行为。

所以，卢梭先生启示我们，当孩子哭着要东西的时候，做父母的应毫不犹豫地去拒绝和限制他，使孩子勿从小染上自私、放纵、骄横等不良习惯，以保障其身心健康发展。

没有规矩，不成方圆。孩子们需要一个界限，这个界限给他们展示什么可以，什么不可以。界限可以给孩子们以分寸感和安全感。你要对孩子说："在限度内你是受保护的，限度里面才是你熟悉的家。"但是有许多父母由于非常喜爱自己的孩子，从来不会也不忍心对他们的请求说一声"不"。然而，不懂得拒绝孩子的家长未必会更令孩子喜欢。还有一些父母不懂得拒绝孩子的技巧，他们生硬、冰冷的话语往往会挫伤孩子的自尊心。对孩子说"不"是要讲究方法和技巧的。

1. 理解拒绝的重要性

现在的家庭中一般都只有一个孩子。父母们对这个独苗往往爱护有加，生怕饿着了，凉着了。父母们望子成龙心切，宁愿自己省吃俭用也要为孩子提供最好的生活环境。对于孩子的各种要求，更是千依百顺，从来不会拒绝。

其实，这样的培养方式是很不可取的。一方面，这样很容易使孩子养成娇生惯养的习惯，他们没有经受过拒绝和失望，挫折承受力非常低；另一方面，在各种要求一再轻易地获得了满足之后，孩子会逐渐提出来越来越高的要求，他们的"胃口"会越来越大，需要会越来越多，直到有一天，家长再也不能满足他们。

适当地拒绝孩子，只要注意恰当的方法和技巧，将是大有裨益的。拒绝孩子后，不但不会伤害他们的自尊心，使他们产生怨恨，反而会让父母在他们心中树立很高的威信，同时也使他们懂得很多生活和做人的道理。

2. 拒绝了孩子之后要简单做出解释

很多时候，孩子比家长想象的要懂事得多。同时，孩子也是很有自尊心的。拒绝孩子后向他们做出解释，会让孩子感觉到父母对他们的尊重，同时也在家庭中营造了民主、和谐的气氛。这样，孩子不但很容易接受拒绝，也学会了理解和支持父母。

在向孩子进行解释时要注意三点：一是通俗易懂，有的父母把向孩子解释原因当作是一种说教。一句通俗的话就能说明的问题，偏偏要大肆地讲一通生硬的道理，非要逼得孩子乖乖点头才肯罢休。这种说教式的解释是令孩子讨厌的。二是简单明了，对孩子做解释，简简单单的几句就够了。有的家长一对孩子说起话来就婆婆妈妈、没完没了，这样特别容易引起孩子的反感。三是就事论事，有的家长在解释理由时，很容易产生极其丰富的联想。明明在说这件事，一下就扯到了其他毫不相干的事上。比如本来是要解释周末不带孩子去公园玩耍的理由，结果却变成了批评孩子上次数学没有考好。这样的解释显然是偏离主题的，是不能让孩子信服的，它的最大害处是，久而久之，孩子会拒绝听父母的任何解释。

3. 一旦说"不",就要坚持下去

拒绝孩子之后就一定要坚持下去,千万不能出尔反尔,因为这样会让孩子觉得大人说话不算数,家长以后也会在孩子面前失去威信。

有的家长在拒绝了孩子之后,可能会觉得于心不忍,就干脆又满足了他们。有的家长可能拒绝后又后悔了,就收回了自己说过的话。不论原因如何,都不要在孩子面前表现出出尔反尔的行为……即使孩子哭了,也仍然要坚持原来的决定。

如果拒绝孩子后又发现有不妥之处,可以在以后来弥补,但不要当场反悔。特别是不要因为孩子的撒娇、哭泣就改变决定,因为这样的做法其实间接强化了孩子的这种不良行为,他们以后就会"学会"用撒娇、哭泣来获取他们想要的东西。

4. 让孩子明白什么值得拥有

要让孩子明白什么东西是值得拥有的,以及怎样去拥有它们。比如,当孩子想买一个新书包时,你拒绝了。这时,可以向孩子解释,他的书包本来就很新,完全不必要重新再买一个。用同样的价钱买一本新书,或是买一个新玩具都比买书包有意义。

同时,父母们也不要无偿地答应孩子的各种请求。从小就要让孩子懂得要获得任何东西,都是需要付出代价的。父母在答应孩子的要求以前,可以让孩子完成一些简单的任务。如果孩子完成了任务就满足他们的要求,完成不了就不能满足他们。比如,孩子提出要买玩具,父母可以要求他们洗一次碗或者扫一次地。想要得到的东西越贵重,需要做的事情就越多。这样,一方面对父母而言,在满足孩子要求的同时,又培养了他们的劳动意识和动手能力;另一方面对孩子而言,通过自己的劳动获得的东西,他们肯定也会更加珍惜。

教子箴言

生活中,谅解可以产生奇迹,谅解可以挽回感情上的损失,谅解犹如一个火把,能照亮由焦躁怨恨和复仇心理铺就的道路。

——穆尼尔·纳素夫